Gottfried Bachl

Spuren im Gesicht der Zeit

Gottfried Bachl

Spuren im Gesicht der Zeit

Ein wenig Eschatologie

OTTO MÜLLER VERLAG

www.omvs.at

ISBN 978-3-7013-1144-6

© 2008 OTTO MÜLLER VERLAG, SALZBURG-WIEN
Alle Rechte vorbehalten
Satz: Media Design: Rizner.at, Salzburg
Umschlaggestaltung: Ulrike Leikermoser
Druck und Bindung: CPI Moravia Books GmbH. Korneuburg

I

Präludium

1

Im Land der Religion fehlt es nicht an bevorzugten Orten, denen viele Qualitäten zugeschrieben werden. Über die Erdenwelt hin verstreut gibt es das Heilige Land, die Heilige Stadt, das Haus, den Stein und das Wasser, den Berg und den Weg. Zu den Privilegien solcher Örtlichkeiten, die häufig genannt werden, gehört die Inspiration. Im deutschen Ausdruck könnte dafür das Wort *Einhauchen* oder *Eingebung* stehen. Wer sich in einer starken Gegend aufhält und sich ihr mit Gefühl und Geist öffnet, kann von ihr beschenkt werden. Nicht nur mit abwechslungsreichem Klima, sondern mehr noch mit Anregungen, die an das Wurzelwerk der Person rühren. Es ist in der Hauptsache die Anstiftung neuer Gewissheiten, unvermuteter Öffnungen der Seele, von Erfahrungen, die Gedanken in Gang bringen. In der Überlieferung wird oft davon erzählt, in variablen Inszenierungen, die den örtlichen Einfall bald an die naturhafte und bald die kulturelle Landschaft binden. Zwei Beispiele: Moses empfängt das heilige Gesetz des Bundes auf der Höhe des Sinaigebirges (Ex 19, 1-20, 25), und Paulus wird auf dem Weg durch die Stadt Athen zur Rede von der Auferstehung der Toten herausgefordert. (Apg 17, 16-34) Mir kommt vor, dass die Mangelerscheinungen in den Produkten der professionellen Denker auch zu tun haben mit der Schnelligkeit, in der sie den Blick wegheben vom Erdboden auf die beständigen, ernsten und grundlegenden Wahrheiten. Sie verrichten ihre Arbeit an der Landschaft vorbei, in der sie wohnen, durch die sie gehen, in der sie einmal begraben werden, in der abstrakten Gewissheit, dass die Örtlichkeit für ihre Gedankengänge gleichgültig ist. Dazu kommt immer wieder ein kräftiger Schub systematischer Habgier, der alles Anfängliche zu wenig ist, die in jedem Augenblick alles erfassen will, um es getrost als rundum gebundene Summe nach Hause zu bringen. Es genügt, wenn wir uns jetzt an diese Lage der menschlichen Gedanken erinnern und uns eine Weile vor Augen halten, was die Landschaft ist, vor uns und um uns das Ensemble aus Siedlung, Wasserläufen, Bergen, Festungen, Talschaften, aus ziehenden Nebelbänken, aus der Häufigkeit der Sonnentage im Wechsel mit den Regenfällen, wie sich das alles im Lauf der Zeit beweglich komponiert und im Gefühl eingenistet hat.

2

In den touristischen Handbüchern, wie sie auch für die Stadt Salzburg angeboten werden, taucht an vielen Stellen, besonders aber dann, wenn die Eigenart eines Ortes markant vorgeführt werden soll, ein lateinischer Titel auf: *genius loci*. Direkt und möglichst deutlich übersetzt heißt der Ausdruck *Gott des Ortes*. Für die antike römische Religion, aus der das Wort stammt, war es „der über der menschlichen Natur waltende

Gott, der bei der Erzeugung und Geburt des Menschen wirkte, als sein Schutzgeist ihn durchs Leben begleitete und sein Schicksal bestimmte, auch Leid und Freud mit ihm teilte, und selbst nach dem Verscheiden des Menschen in dem Lar (Hausgeist) fortlebte und schützend fortwirken konnte. Wie der Mensch so hatte auch jeder Ort (Gegend, Wald, Stadt, Haus, Tor), es hatte jeder Staat, jede Herde, es hatten einzelne Zustände, Eigenschaften und Verrichtungen ihren Genius, welcher mit der Existenz des Ortes innig verbunden war."[1] Im heutigen Sprachgebrauch sind diese Funktionen der örtlichen Schutzgottheit und sie selbst eingeschmolzen in das, was wir Stimmung nennen oder Atmosphäre, Fluidum, Ausstrahlung, die Magie eines Platzes. Die Fremdenführer wissen ihren Gästen in Salzburg eine lange Reihe von menschlichen Repräsentanten des hiesigen genius loci zu nennen: Michael Haydn, Ignaz Franz Biber, Christian Doppler, der Mönch von Salzburg, Bernhard Fischer von Erlach, Mozart, Rupertus, Erentrudis, Paracelsus, Georg Trakl, Wolf Dietrich von Raitenau, Max Reinhardt. Die Glorie dieser Namen macht es leicht, die Frage nach den Verhältnissen der Größe zu überhören. Die Stadt an der Salzach vergleichbar mit den großen Geisteslandschaften, die bis an den Horizont gefüllt sind mit großen Ereignissen, übermächtigen Gestalten, unüberhörbaren Worten? Vor unseren Augen ziehen wie in einer Diashow die Gegenden vorüber und wenden uns ihre Ausmaße zu. Die Wüste Israels, der Ölberg, das Rote Meer, der Ozean, den Odysseus befahren hat, das römische Forum, die Nibelungenroute. In allen Formen die erhabene Anordnung, der gewaltige Gestus. Alle Vermessungen, die hier anstehen mögen, bleiben vorläufig. Die Suche nach dem kulturellen Superlativ gehört wahrscheinlich zum Geschäft der Vermarktung, sie fördert aber wenig zutage von dem, was die Kraft des Gedankens, der Horizont der Fragen, der weisende Spürsinn wirklich ist, hier und jetzt an diesem Ort.

3
Wer sich dem Spiel der dramatischen Phantasie überlassen will, kann freilich aus dem reichen Fundus wählen, der sich in der christlichen Tradition angesammelt hat. Für eine anschauliche Montage stehen eindrucksvolle Namen und Rollen zur Verfügung, in der weiten Welt der Engel und der Heiligen, denen vergleichbare Rollen zugewiesen sind als Botschafter, Dolmetscher, Anwälte, Schutzmächte und Repräsentanten. Auf die Einladung hin, bei den Salzburger Hochschulwochen 2006 eine Art „Salzburger Eschatologie" zu bringen, habe ich mich daran erinnert, dass alles Reden, auch das elementar bewegende Pathos der Letzten Dinge, seine Örtlichkeit hat. Die Gedanken, die Worte haben gewiss ihre Freiheit, sind nicht wie die Birken im Garten an die bestimmte Stelle gebunden, aber es gibt Nachbarschaften, Geburtsländer, atmosphärische Bindungen vielfältigster Art. So bin ich bei dieser einfachen Markierung geblieben und habe daraus den Versuch gemacht, auf den Wegen durch die Stadt

Salzburg Spuren zu lesen, die an den Rand der Zeit führen, vorläufig und zufällig in der Bewegung des Gehens wie der Gedanken. Das heißt auch: im konkreten Bezug zum christlichen Evangelium das Feld der Metaphern begehen, die Motive in loser Assoziation umkreisen und die verstreuten Sprachspiele heben. Wenn dabei der genannte genius loci seine Wirksamkeit entfaltet hat, dann waren es gewiss auch die Menschen, die mir hier begegnet sind und mit ihren Fragen und Ideen meinen Horizont geöffnet haben.

4

Jede Stelle auf dem globalen Boden der Erde kann zum heiligen Ort werden, wenn dort der Glaube an Gott aufgeht und sich in der praktischen Gewissheit zeigt, wenn die Gestalt der Gnade sichtbar wird. So kennt wohl jeder Mensch die religiösen Knotenpunkte auf der Landkarte seines eigenen Lebens und weiß zugleich um die heiligen Orte, die jenseits seiner subjektiven Erfahrung bestehen, weil sie viel besucht und immer wieder zu Brennpunkten des Erlebens werden. In dieser wechselnden Wirkung beziehen sich die Orte in der Geographie des Heiligen aufeinander. In dem beweglichen Netz, das daraus entsteht, könnte auch vorliegender Versuch verstanden werden. Er setzt an drei Stationen an, unter den Überschriften:
Orpheus, Gesichter, Aufbruch. Der mythische Sänger ruft das Thema der Musik, ihrer humanen und eschatologischen Macht. Der Blick in das menschliche Gesicht bringt das Evangelium in Erinnerung, das den Indivi-

duen die Zukunft des Himmels verspricht. Der Weg dahin schließlich ist der Aufbruch ins freie Land Gottes, heraus aus allen Gefangenschaften, nicht zuletzt: die Leerung der Gräber.

Es ist selbstverständlich, dass die vertrauten Themen der Lehre von den Letzten Dingen, wie es sich gehört, mit dem Verstand bearbeitet werden, wenn es aber da und dort so aussieht, als wären die Gedanken auch im Herzen bewegt worden, schäme ich mich nicht dafür.

II

Orpheus

1

Eine Geschichte ist zu erzählen aus dem alten Griechenland, sehr bekannt und rührend, der Mythos von Orpheus, dem Sänger. Sein Name wird von manchen Forschern mit der Wurzel *órfanos*[2] in Verbindung gebracht, in der Bedeutung von *einsam* oder *allein*. Viel wichtiger ist die besondere Abstammung des Orpheus. Denn nach den meisten Quellen war er der Sohn der Muse Kalliope, der Schönstimmigen, der Patronin der epischen Dichtung. Für die Vaterschaft wird entweder Oiagros genannt, der König von Thrakien, einer Landschaft im östlichen Balkan, oder auch der Gott Apollo. Dieser soll ihn jedenfalls erzogen und mit musischer Könnerschaft ausgestattet haben. Orpheus ist daher ganz und gar von der Musik erfüllt und bestimmt, sein Können und seine Kraft liegen in dieser Kunst, er singt und er spielt die Phorminx, die Lyra und die Kithara. Es wird berichtet, dass er die Fahrt der Argonauten mitgemacht hat, auch seine kultstiftende Wirksamkeit zu Ehren Apollos, des Dionysos und der Demeter gehört zur Tradition. Vor allem aber sind die Orpheus-Erzählungen bewegt von dem Eindruck, den seine Musik nach allen Richtungen hin gemacht hat. Mit seinem Gesang und seinem Spiel ist er imstande, alle Dinge und Lebewesen, von den

Steinen bis zu den Göttern, zu berühren und zu entzücken. Er gilt als der Erfinder des melodischen Gesanges, der die ganze Natur mit seinem Charme bezaubert. Felsblöcke heben sich von ihrer Stelle, Ströme verändern ihren Lauf, Orpheus lenkt die Winde, zwingt die Eichen ihm zu folgen, die Tiere lauschen seiner Musik und vergessen dabei ihre Wildheit, der Sänger schlichtet den Streit der Argonauten und übertönt den gefährlichen Gesang der Sirenen. Orpheus gehört zu den großen Kulturbringern.

2

In der späteren europäischen Nacherzählung seiner Geschichten ist vor allem und vielfach allein das Erlebnis mit seiner Frau wiederholt und bearbeitet worden. Der Sänger war frisch verheiratet mit der schönen Nymphe Eurydike und sehr glücklich mit ihr. Es begab sich, dass er sich in Thrakien aufhielt, während Eurydike sich irgendwo im Freien erging. Da erblickte sie plötzlich Aristeas, der halbgöttliche Bienenzüchter lief ihr nach und wollte sie vergewaltigen. Sie versuchte ihm zu entkommen, fiel im Laufen hin, wurde von einer Schlange in den Fuß gebissen und starb auf der Stelle. Orpheus konnte ihr nicht mehr helfen, sie war schon in der Gewalt des Hades, als er herbeieilte. Man sagt, er sei in seinem Schmerz durch ganz Griechenland gelaufen, um seine Frau zu finden. An der Südspitze des Peloponnes schließlich, in Tainaron, sah er den Eingang zur Unterwelt. Im Vertrauen auf seine Musik stieg er hinab und begann zu singen. Es gelang ihm, mit seinem Spiel den gesamten Hades zu bewegen und in eine andere Stimmung zu versetzen. Charon, der Fährmann auf dem Unterweltfluss, verließ seinen Kahn und ging dem Sänger nach, Kerberos, der Hadeshund, hörte auf zu bellen, das Rad, auf das der Mörder Ixion geflochten war, blieb stehen, die Leber des Giganten Tithyos wurde nicht zerfleischt, die Töchter des Danaos hörten mit dem vergeblichen Wassertragen auf, Sisyphos machte Halt und setzte sich auf seinen Stein, Tantalos vergaß seinen Hunger und seinen Durst. Die Erinnyen staunten, die Totenrichter brachen in Tränen aus, und das ganze unterirdische Seelenvolk weinte mit ihnen. Die Totengötter Hades und Persephoneia ließen sich durch die Musik des Orpheus rühren und gaben die Eurydike frei, stellten aber die Rückkehr der Verstorbenen in das frühere, obere Leben unter die Bedingung, dass sich Orpheus nicht nach ihr umdrehen darf, bevor sie die Lichtzone erreicht haben. So stiegen die beiden aus der Unterwelt auf, doch ehe Orpheus den letzten Schritt in die Menschenwelt tat, drehte er sich nach Eurydike um, und diese entschwand, von Hermes geleitet, für immer im Hades. Eine Wiederholung der Befreiung war nicht möglich. Orpheus gab sich einer rasenden Trauer hin, er wählte den Weg der Enttäuschung: die Enthaltsamkeit vom Eros, vom Fleischgenuss, vom weltlichen Treiben, und wurde zur Strafe dafür von einer Schar Bachantinnen, den Frauen im Gefolge des Dionysos, zerrissen. Der zerstückelte Leib verteilte sich über viele Orte, der abgeschlagene Kopf trieb auf dem

Fluss Hebros zur Insel Lesbos, wo sich um die kostbare Reliquie ein Zentrum des Gesanges und der Lieder bildete. Die Natur trauerte um ihren Sänger:
„Dich, o Orpheus, beweinten voll Schmerz die Vögel, des Wildes
Scharen, der starrende Fels und dich der Wald, der gefolgt so
oft deinem Lied. Der Baum legt ab seine Blätter und trauert
kahlen Hauptes um dich. Von den eigenen Tränen geschwollen
seien, wie man erzählt, auch die Flüsse. Dryaden und Nymphen
trugen schwarz verbrämt ihr Gewand und gelöst ihre Haare."[3]
Was in der Natur an Lauten und Klängen zu hören ist, muss zur Trauer gerechnet werden, weil die Macht der Unterwelt nicht gebrochen werden kann. Diese Stimmung wird auch nicht korrigiert, wenn Ovid seiner Fassung einige Verse hinzufügt, die flüchtig gelesen wie ein Happy End klingen: „Unter die Erde taucht der Schatten (des Orpheus) und erkennt wieder alle Orte, die er vorher gesehen hat. Suchend durchstreift er die Gegend der Frommen (Ahnen) und findet Eurydike. Er umfasst sie mit verlangenden Armen. So gehen nun die beiden vereinten Schrittes, bald folgt er der vorangehenden (Eurydike) nach, bald geht er voran, und Orpheus blickt ohne Gefahr zurück auf seine Eurydike."[4] Die spätere Szene des Lebensendes wird eingeblendet: Orpheus ist gestorben, wie alle Menschen

sterben, und beide, Orpheus und Eurydike, sind nun im Schattenreich gelandet, sie sind tot, also in jenem Zustand, aus dem Orpheus seine Frau befreien wollte. Alles, was sie tun, ist das nichtige Tun der *umbrae*, der erloschenen Schattenwesen, im Todesbereich. Vom glücklichen Ausgang der Geschichte kann keine Rede sein, sie hat ihr schlimmes Ende genommen. Die Herrschaft des Hades ist ungeschwächt.

3

Der Orpheusmythos gehört sicher zu den wirksamsten Geschichten, weil er die Liebe und den Tod zueinander bringt in einer Weise, die zugleich das Gefühl bewegt und die ästhetische Darstellung nahelegt. So hat vor allem das Theater bald nach diesem Stoff gegriffen und in zahlreichen Gestaltungen die Historie nacherzählt. Das mag auch der Grund dafür sein, dass die Orpheus-Eurydike-Szene ähnlichen anderen Erzählungen vorgezogen wurde. In ihr ist mehr Raum geöffnet, mehr Gelegenheit zur klärenden Identifizierung geboten. Auf dem üppigen Markt der religiösen Gestalten und Ideen war auch Orpheus bald eine markante Größe, die sich dem Vergleich mit anderen Heroen anbot. Das Spiel der Gegenüberstellungen, seit eh und je im Gang, nimmt von überall her neue Gesichter auf, und so konnte es nicht ausbleiben, dass auch Orpheus und Jesus aufeinandertrafen. Das geschah schon in der Antike bei den frühen christlichen Theologen, das geschieht noch immer durch säkulare Autoren der Gegenwart, wie der Schriftsteller

Patrick Süskind einer ist. In einem Essay zum Thema *Über Liebe und Tod*[5], der ganz im saloppen Ton der postmodernen Auslassung gehalten ist, beschreibt Süskind seinen Vergleich und gibt bekannt, warum ihm Orpheus lieber ist als Jesus. Die Gründe für diese Wahl sind vermengt mit allerlei polemischen Formeln und nicht so deutlich vorgebracht, dass die logische Figur von Argumenten unmittelbar zu fassen wäre. Aber es ist möglich, im ganzen Text eine grundsätzliche Meinung zu erkennen, einen Urteilstrend, eine Art These. Diese lautet so: *Orpheus ist verglichen mit Jesus der weisere, wahrere, vollständigere, bescheidenere und deshalb auch hilfreichere Mensch.*

Es liegt mir fern, die Orpheusgeschichte zu vernichten und ihr rührendes Sentiment herabzumachen. Sie bleibt ein beachtenswertes Dokument für die einfache Wahrheit, dass die menschliche Liebe, wie kindlich und unentwickelt sie auch sein mag, sich nicht abfinden kann mit dem Ende, mit dem Erlöschen des geliebten Anderen. Die Liebe ist ganz und gar, um jeden Preis auf Dauer hin entworfen. Das ist auch an diesem Mythos zu lernen. Aber gerade deshalb liegt es nahe, seine Kraft und Reichweite zu prüfen und im Vergleich mit dem Jesus-Programm zu klären, was von dieser Erzählung erwartet werden kann.

Die Überlegenheit des Orpheus, so Süskind, ist schon daran zu erkennen, dass der Sänger realistisch die Chancen seiner Intervention abschätzt und einen Kompromiss anstrebt. Deshalb ist sein Ton konzilianter, freundlicher, weil er nur den erreichbaren Vorteil sucht, indem er um eine Gefälligkeit bittet. Damit kommt er dem Punkt sehr nahe, an dem die grundsätzliche Verschiedenheit der Handlungsperspektiven sichtbar wird. Ovid hat in seinen *Metamorphosen* den Text geliefert, an dem man sich darüber Klarheit verschaffen kann. Er inszeniert den Auftritt des Orpheus vor dem Thron der Totengötter mit großer Deutlichkeit, in der seine Musik mit dem gesprochenen Wort verbunden ist. Der Sänger hält einen ziemlich ausführlichen, sein Anliegen präzise beschreibenden Vortrag.[6] Es liegt ihm offensichtlich daran, die Wohlgewogenheit der Hadesmächte zu gewinnen und sie mit keinem unmäßigen Anspruch zu verstören. Daher versichert er sie mehrere Male seiner Loyalität. Er legt ihnen mit einer gewissen Feierlichkeit sein Bekenntnis zu Füßen: Orpheus will nicht das auf allen Menschen liegende Todesschicksal abschaffen oder auch nur an einer zufälligen Stelle durchbrechen. Das Fatum gilt und soll gelten, uneingeschränkt, auch für Eurydike und ihn selbst. Nach dieser prinzipiellen Unterwerfung will er seine Petition frei und klar vorbringen. Sein Motiv für den ungewöhnlichen Gang in die Unterwelt war ganz allein seine Ehefrau (causa viae est coniunx), nicht die Nachahmung anderer Hadesfahrten. Daher erzählt er noch einmal das Geschehen und erklärt: Es ist die Liebe (amor), die ihn treibt, die im Übrigen auch die Gottheiten bewegt; hat doch Hades seine Gattin Persephoneia mit Gewalt an seine Seite geholt. So wendet sich Orpheus mit einer Schwurbitte an den dunklen Gott und sagt, was er haben will: „Nur leihen sollt ihr, nicht schenken." (pro munere poscimus usum)[7] Falls Orpheus nicht erhört wird, wolle er selbst im Hades bleiben. – Wie reagieren die Totengötter? Der Mythos berichtet nichts von einer psychologischen Reaktion oder einer Urteilsabwägung, es ist genug, dass sie faktisch die Bitte gewähren, offensichtlich bewegt vom Gesang des Orpheus. Sie setzen nur eine Klausel: Orpheus darf sich auf dem Weg nach oben nicht nach Eurydike umdrehen.

4
Im Vergleich der Orpheus-Handlung und der Jesus-Handlung ist der grundsätzliche Unterschied der Konzepte klar zu erkennen. Alles, was Jesus tut und erleidet, von den Totenerweckungen bis zu seiner Auferstehung, ist gegen die Front gerichtet, vor der Orpheus kapituliert: das Todesschicksal, genannt die Moira, die Ananke, das Fatum. Dafür genügt die schlichte Gegenüberstellung zweier elementarer Texte.

Euripides, Alkestis Sechstes Standlied
An die Tyche, das Schicksal

Zu Bild und Altären,
der einzigen Göttin,
führt rings kein Pfad.
Sie will kein Opferblut.
Erscheine, du Hohe, mir fortan im Leben
nicht noch grausamer, als es geschah!

Auch was Zeus uns verhängt, das verhängt er
doch nur mit dir im Bund.
Kein chalybisches Eisen
widersteht deinen Händen,
kein Mitleid kennt dein hartes Herz.

Paulus Brief an die Römer 8, 34-39
An Christus

Christus Jesus, der gestorben ist, mehr noch,
der auferweckt worden ist, sitzt zur Rechten
Gottes und tritt für uns ein. Was kann uns
scheiden von der Liebe Christi? Bedrängnis
oder Not oder Verfolgung, Hunger oder Kälte,
Gefahr oder Schwert? All das überwinden wir
durch den, der uns geliebt hat. Denn ich bin
gewiss: weder Tod noch Leben, weder
Engel noch Mächte, weder Gegenwärtiges
noch Zukünftiges, weder Gewalten der
Höhe oder Tiefe noch irgendeine andere
Kreatur können uns scheiden von der
Liebe Gottes, die in Christus Jesus ist,
unserem Herrn.

Im Standlied des griechischen Dramatikers die resignierte Absage an alles, was in der Existenz des Menschen *Möglichkeit* bedeuten kann. Es gibt keinen Ausweg, die alles erfassende Bestimmung zwingt die

Gesamtheit der Lebensumstände unter ihr Gesetz. Im hymnischen Bekenntnis des Paulus ist es die Öffnung auf die Freiheit, die dem Leben alle Chancen gibt. Dafür steht Christus bei Gott ein. Die Eigenart der beiden Gestalten gewinnt aus dieser Perspektive eine grundsätzliche Schärfe. Es geht nicht zweimal um die gleiche simple Lebensverlängerung, sondern es geht für Orpheus und Jesus um die je andere Zukunft.
Der verliebte Sänger sucht seine Flitterwochen zu retten. Sein Anliegen sind nicht die anderen Toten, ist nicht Eurydike, sondern sein Liebesgefühl. Jesus dagegen ist nicht verliebt und nicht verheiratet, aber er ist mit den Menschen so verbunden, dass er ihren Tod in sein Leben und Sterben einbezieht. Nichts ist ihm fremder als eine im Allgemeinen schwärmende Menschheitsliebe. Er fängt immer beim Nächsten an und kommt zuletzt auch beim Nächsten ans Ziel. So wird die Unterscheidung fassbar: Aufschub oder Aufhebung des Todes. Die Aktion des Verliebten gilt der Rückholung Eurydikes auf Zeit, in der begrenzten Reichweite und Dauer des Gefühls. Die Aktion des Liebenden will den Bruch der Zeitmauer, ist getragen von der Macht und Universalität der Zusage, der unbedingten Treue zum Leben, die in der Zukunft des neuen Äons eingelöst wird. Jesus bettelt nicht um einen Happen Zeit, auch nicht um ein wenig Fristverlängerung zum Zweck der besseren Weltgestaltung, er will ganz unbescheiden das Ganze: die neue Existenz im kommenden Reich. Die offene Unbescheidenheit Jesu, sein Gestus der Maßlosigkeit, steht gegen den Kom-

promiss des Orpheus, der seine Schicksalsergebenheit geschickt nützt, um eine momentane Nachgiebigkeit der Unterweltsgötter zu erreichen. Nicht nur als Christ und Jesusfreund werde ich für die zweite Version plädieren, sondern grundsätzlich vom Standpunkt dessen, der die religiöse Leistung betrachtet. Die Intervention des Liebenden gegen den Tod hilft mehr als der begreifliche Rettungsversuch des Verliebten. Die Orpheusgeschichte ist von Anfang an auf Resignation gestimmt, nicht erst nach dem zweiten Verlust der Eurydike.

5

Jesus und Orpheus handeln in scharf unterschiedenen religiösen Welten. Das zeigt sich schon beim Erzählen ihrer Geschichten. Und grundsätzlicher kommt der andere Charakter hervor, wenn man direkt auf die Struktur der religiösen Inhalte schaut. Die alles beherrschende Größe in der Szene des Orpheus ist das Schicksal, im Griechischen die Moira geheißen. Der Sänger lebt in ihrer Atmosphäre, wie alle anderen Lebewesen auch, die Götter nicht ausgenommen. Und Schicksal bedeutet zwingende Notwendigkeit, in der alles Lebendige in der Welt seinem Ende entgegengetrieben wird. Das polytheistische System der Religion bietet nur regionale Freiheiten, keine unbedingte Freiheit. Dazu kommt, dass in der mythischen Welt des Orpheus der Tod als Gott auftritt, ausgestattet mit Gesicht und Namen, das Herrscherpaar Hades und Persephoneia, eifersüchtig auf die Geltung seines

Imperiums bedacht. Hades vor allem, der Gott mit dem rückwärts gewandten Kopf, repräsentierte das Zurückzwingende, die verwehrende Gewalt, an der alle Hoffnung auf eine trostvolle Zukunft zerbrechen muss. Sein Anblick dreht alles um, wendet alles zurück und muss daher unbedingt gemieden werden, auch von den Frommen, die ihn mit Opfern zu gewinnen versuchen. Der biblische Heilbringer lebt in einer anderen Luft, in der auch die Macht des Todes eine andere Funktion hat. Jesus hat sich nicht mit wesensmäßigen Todesgottheiten auseinanderzusetzen, die mit Macht und Absicht das Totsein realisieren. Der Gott Jesu hat nicht den Tod getrunken und in seine Seele aufgenommen, wenn das überhaupt eine mögliche Redensart sein kann und nicht eher eine Formel für das Absurde ist. Der Gott des Lebens ist für Jesus allein Gott, es gibt keinen anderen neben ihm. Wohl leben und sterben die Menschen, aber sie leben und sterben zu dem einen und einzigen Gott des Lebens hin. In dieser Aura kommt Jesus, betritt er die Welt des Todes und richtet sein Gesicht in das neue Leben. Es wird ihm keine Klausel auferlegt, an der er sich erproben müsste. Hinter ihm, vor ihm und ihm zur Seite ist Gott, der ihn mit Leben erfüllt. Wenn das Totenreich als der Bezirk gilt, auf den nur rückwärts hingeschaut werden kann, als das Gewesene und Vergangene, das deshalb vollkommen in den Zustand des Fix-und-Fertigen versetzt ist, dann bringt Jesus gerade dafür die neue Bewegung. Seine Aktion soll die Möglichkeit öffnen, dass alles Vergangene auf Zukunft hin verändert werden kann. Darum genügt es nicht, seinen Hadesgang als rückwärts gerichtete Integration zu verstehen, in der alles Geschehene in seinem hintergründigen, wesenhaften Sinngehalt gehoben und aufbewahrt würde. Damit käme das Gleichnis um das hauptsächliche Element, die Bewegung des freien Ausgangs aus dem Verlies des Todes. Das ist der vorläufige Aufenthalt für die Gestorbenen, die statio, auf einem unabsehbaren Weg, nicht die im Ziel wartende Scheune für den Ernteertrag aus der Geschichte. Das Reich Gottes besteht nicht allein in der Ordnung und Tiefsinnigkeit der gewesenen Welt, sondern im Ausbruch der neuen Wirklichkeit, die auch das neue Lied hervorrufen kann. (Offb 5, 9ff)

6
Muss man den Göttern gegenüber bescheiden sein? Das religiöse System, in dem die Geschichte des Orpheus erzählt wurde, war ganz von der Notwendigkeit bestimmt, sich seiner Schicksalsergebenheit bewusst zu werden. Alles andere Verhalten hätte bedeutet, dass dieses Götterschema verlassen wird. Süskinds Bewunderung für diese „Klugheit" des Sängers hat selbst etwas Fatalistisches an sich. Er bestaunt eine Strategie, die auf begrenzten Vorteilsgewinn ausgerichtet ist. Die Rettungsaktion des Orpheus ist abgestimmt auf den drohenden *Neid der Götter.* Denn zum Seinsprivileg der Gottheiten gehörte auch das Gut der Unsterblichkeit. Das schloss den souveränen Umgang mit dem Tod ein. Orpheus versichert Hades und

Persephoneia, dass dieser Vorbehalt nicht bestritten und nicht geschmälert wird. Es läuft also auf die Beruhigung und Tröstung der Unterweltsgötter hinaus, sodass es leicht fallen muss, die verlangte Gefälligkeit zu tun. Der leitende und zwingende Hintergrund, aus dem die Stimmung in die Szene fließt, heißt folglich *Fatum und Neid*. Ein Beispiel aus der Praxis der Götter, das diese Taktik nahelegt: Asklepios, ein Sohn des Gottes Apollo mit der Menschenfrau Koronis, hat das Charisma des Heilens erhalten, das es ihm möglich macht, eine Reihe von Toten zum Leben zu erwecken oder Lebende am Sterben zu hindern. Hades, der Bruder des olympischen Zeus, beklagt sich bei diesem, dass ihm durch Asklepios sein Herrschaftsgebiet verkleinert werde, und Zeus reagiert mit dem Blitz. Er tötet den Heilpraktiker samt seinen Patienten.[8]

Wenn Christen ihr Glaubensbekenntnis sprechen, sagen sie auch den Satz „Er (Jesus Christus) ist abgestiegen in das Reich des Todes" (descendit ad inferos). Jesus macht also wie Orpheus eine Reise in die Zone, in der sich die Toten aufhalten. Beide unternehmen ihre Fahrt in einer bestimmten Absicht, sie wollen etwas tun und erreichen und diese Aktivität ausgerechnet in der Dimension vollziehen, die nach dem Wissen, das man hier in der Welt vom Tod haben kann, aus lauter Inaktivität besteht. Dabei ist die Sprache des Mythos im Umgang mit den Geschichten sehr viel hemmungsfreier als die Sprache des Evangeliums. Die Orpheuserzählung darf alle Kulissen aufbauen, darf die plastisch ausgebreitete raumzeitliche Unterweltsgegend, in die sich der Sänger begibt, ungehindert beschreiten. Der musische Held bewegt sich lebendig, ungefährdet, im vollen Besitz seiner Charismen, er geht unverändert hinab und hinauf, er spricht, er singt, er gestikuliert. Zögernd und mehr andeutend als ausführlich darstellend nimmt die christliche Tradition die dramatische Figur des Abstieges in die Totenwelt auf. Sie will einerseits diese Symbolik benützen, um den göttlichen Lebenswillen anschaulich zu bekennen: Gott geht mit Jesus ganz hinab, in eine Tiefe, über die hinab nicht mehr gegangen werden kann. Sie kann andererseits das Spiel der mythischen Phantasie nicht einfach mitspielen, als wäre es möglich, lebend zwischen Tod und Erdendasein hin- und herzuwechseln, als sei die Sphäre des Todes leicht betretbar. Wenn in dieser etwas geschieht und getan wird, kann es nur aus einer anderen, überweltlichen Dimension kommen. Orpheus geht im Zustand des Lebenden in die nichtende Welt des Todes. Ein Zauber, wohl verbunden mit Musik, scheint es ihm ermöglicht zu haben. Sein eigenes Leben setzt er nicht ein, er arbeitet von außen her gegen diesen einzelnen Tod der Eurydike, ohne Wirkung auf den Tod der unzähligen anderen, die dem Geschehen nur in neidischem Verlangen zusehen können. Jesus dagegen stirbt, er geht in den Zustand des Totseins ein, und darin besteht sein Eindringen in die Todeszone. Seine Aktion richtet sich von innen her gegen den Tod. Er bringt sein Totsein mit dem Totsein aller anderen in einen wirksamen Zusammenhang. Jesus hat keine Zuschauer, die ihrem Schicksal überlassen bleiben. Aus dieser Aussicht auf die Befreiung aller gewinnt zum Beispiel der Hebräerbrief seine Freudensprache: Der Herzog des Lebens (Apg 3, 15) führt die Karawane der Lebenden an, auf dem Weg in die neue Freiheit (2, 10-18), die den Toten geöffnet wird. An dieser Stelle zeigt sich, wer wirklich in den Tod vorgedrungen ist, und hier hat schon Plato seinen Einwand gegen den Orpheusmythos vorgebracht.[9] Er stellt einen Vergleich an mit einer anderen Geschichte, die über Alkestis erzählt wird. Die Frau des Admetos stirbt für ihren Mann aus Liebe. Und diese Tat hat, so der Philosoph, etwas Einmaliges bewirkt. „Sie hat den Göttern so gefallen, dass sie aus freien Stücken die Frau aus dem Hades gehen ließen, aus Freude an der Tat. So wollten auch die Götter den Eifer und die Tüchtigkeit in der Liebe vorzüglich ehren. Orpheus aber, den Sohn des Oeagros, schickten sie unverrichteter Dinge aus der Unterwelt zurück, indem sie nur die Erscheinung der Frau ihm zeigten, um derentwillen er gekommen war, nicht aber sie selbst ihm gaben. Er schien ihnen weichlich zu sein wie ein Spielmann und nicht das Herz zu haben, der Liebe wegen zu sterben wie Alkestis, sondern sich lieber ausgedacht zu haben, lebend in die Unterwelt einzugehen. Deshalb auch haben sie ihm Strafe auferlegt und veranstaltet, dass sein Tod durch Weiber erfolgte..." Süskind bagatellisiert diesen Einspruch, aber ich meine zu Unrecht. Es kommt genau darauf an, in welchem Maß das Totsein zum Thema wird und nicht nur irgendein Gefühl drumherum.

Das ungeheure Moment am Christentum, schreibt der Philosoph Hegel, „ist das Zusammenbinden der ungeheuersten Gegensätze."[10] Diese Kontrapunkte bilden auch die Spannung in der Erzählung vom Eingang des Erlösers in die Totenwelt, die Gegensätze *Nichtsein* und *Lebendigsein*. Der Messias bindet in seiner Rolle das Eine an das Andere. Der in den Hades geht, ist der Christus, gewachsen dem Totsein und dem Leben, sodass an ihm das Leben seine größte Kraft zeigt, und auch das Totsein seine äußerste Tiefe zeigt. Er reicht von oben nach unten, nichts wird übersprungen, alles wird ausgemessen. Im Neuen Testament gibt es für diese umgreifende Reichweite der Messiasgestalt eine sehr prägnante Formel: *in Christus (= en Christó)* sein. Sie gilt auch hier: Über dem Hadesgewölbe, dieses von unten und von oben umfangend, entsteht in Christus ein Raum der Gnade, in dem das neue Leben wächst. Das meint wohl Paulus, wenn er an die römische Gemeinde schreibt: „Sind wir nun mit Christus gestorben, so glauben wir, dass wir auch mit ihm leben werden." (Röm 6, 8) Mit diesem Paradox ist nicht leicht umzugehen, wie die Geschichte seiner Übersetzungen zeigt. Denn die Vorstellung arbeitet mit dem lückenlosen Zusammenhang der Übergänge vom Da zum Dort, vom Einst zum Jetzt, die gebaut sind wie Brücken. Aber so ist sie nicht geeignet, die Realität der wechselnden Zustände zu erfassen. Nicht die Allmählichkeit, sondern der Sprung ist es, in dem die Verbindung geschieht.

7

Mit welchen Mitteln wird der Tod angegangen? Welcher Instrumente bedienen sich Orpheus und Jesus? Erst die direkte und naive Frage bringt hervor, was die Geschichten geben wollen. Orpheus singt, er verbindet das Wort mit der Musik, im Lied erzielt er seine eigentümliche Wirkung. Diese hat ihm mehr Öffentlichkeit und Ruhm eingebracht, als andere Heroen erzielen konnten, die sich auf einen Kampf mit dem Tod einließen und erfolgreich bestanden, wie zum Beispiel Herakles. In der Alkestis-Geschichte, die Euripides in seiner Fassung erzählt[11], stellt sich der Held dem Todes-Dämon zum offenen Kampf, erwürgt ihn mit seinen Händen, und die tote Ehefrau kommt frei aus dem Hades zurück, betritt lebend das Haus ihres Mannes. Der Ringkampf des Herakles ist effizienter als der Liedgesang des Orpheus, aber für das ästhetische Empfinden ist Herakles gewiss die weniger leuchtende Sinnfigur. Orpheus ist überlegen, weil er mit dem Werkzeug der Musen, nicht mit der Muskulatur des olympischen Boxers an die Sache geht. Der musische Sieg wird in manchen Mythen höher gewertet als der kämpferische, der mit Gewalt errungen wird. Worin diese Überlegenheit besteht, wäre eine weitere Frage an die Überlieferung, auf die ich hier nicht näher eingehe. Es ist nicht zu übersehen, dass Orpheus auch Jesus gegenüber dort und da diesen Vorteil hat, obwohl der christliche Sieger über den Tod weder ein Faustkämpfer wie Herakles noch ein Sänger wie Orpheus ist. Der biblische Messias musiziert nicht.

In seinen Begabungen und Tätigkeiten kommt das Lied nicht vor.[12] Darum agiert er auch im Totenreich nicht musikalisch, sondern gebraucht hauptsächlich das Wort, verbreitet das Licht, setzt sich mit Macht durch und verändert mit starken Griffen die Realität der Verhältnisse. Ein Blick in den Bereich der Bilder bestätigt diesen Befund. In den Darstellungen trägt Jesus den Kreuzstab, hält er das Buch, leuchtet er, hebt er die Segenshand, aber er schwingt kein Musikinstrument.[13] Seine Handlungsenergie ist nirgendwo darauf gerichtet, einen künstlerischen Effekt zu erzielen. Er verwendet sie ganz und gar für die heilsamen Aktionen an der Welt. Nicht schön will er diese machen, gut soll sie sein im Licht seiner Nähe. Trotzdem lässt sich die vom christlichen Glauben getragene Phantasie die Szene nicht entgehen. Gewiss, sie sucht nicht die ästhetisch unterhaltsame Performance, nicht das Konzert, sondern die dramatische Anschaulichkeit der Befreiungstat des Messias, und hält es für keinen Schaden, wenn sich mit deren Inszenierung auch anziehende Wirkungen einstellen. Die Theologen der frühen Christenheit haben die Orpheusgeschichte zum Teil in aggressiver Art verworfen und den Sänger in der üblichen Weise verteufelt. Das gehört zur Polemik, derer sich die Religionen gern bedienen, wenn sie aneinandergeraten und sich gegenseitig auszubeuten versuchen. An dieser Methode ist nicht viel zu finden, was eine fruchtbare Lektüre nahelegen könnte. Dass eine solche möglich ist, wissen wir aus vielen Vorgängen der menschlichen Überlieferung. Gute Geschichten werden immer wieder neu aufgenommen und besser erzählt, sie müssen nicht vernichtet werden. Der Same einer Erzählung kann nach vielen Strängen hin wachsen und in der polyphonen Entfaltung seine Kraft zeigen. Auch der christliche Umgang mit der Orpheus-Geschichte darf in dieser Perspektive gesehen und verstanden werden. Es ist in meiner Sicht ein zweifacher Gewinn, der in der erneuten Lektüre erzielt wurde. Einmal die Möglichkeit, vom besseren Orpheus reden zu können, und dann der Sinn der Geschichte, der sich in schärferen Umrissen darbietet. Von Jesus als dem *besseren Orpheus* handeln viele Lesestücke der Tradition, die ihm den großen Raum schaffen, eine stärkere Sprache finden und die Phantasie erfreuen. Es gibt aber in der jüngeren Zeit auch poetische Programme, die in die Gegenrichtung fahren und Christus in Orpheus übersetzen, jetzt diesem alles zuführen, was den Reichtum der christlichen Messiasgestalt ausmacht. Rilke vor allem hat seine Kräfte an diese Metamorphose verwendet.[14]

Was immer mit den Gestalten im hermeneutischen Labor angestellt werden mag, für den christlichen Leser der Geschichte liegt es von der Sache her nahe, zu sagen: Orpheus ruft nach Jesus, weil dieser wirklich gegen den Tod geht, statt sich vor der Hadesmacht zu demütigen. Darauf zielt auch der Sinn der Metapher, den die Theologie herauszustellen versucht. Dringt nicht mit Jesus das Evangelium über Raum und Zeit vor und bringt die Zeichen des Heiles, die den Tod überwindenden Sakramente, überall hin, sodass auch die vergangenste Vergangenheit niemand ein- oder wegschließt? Die Aktion Jesu ist universal, reicht nach allen Seiten und dringt in alle Dimensionen vor. Sie verbindet die Intimität der göttlichen Absichten mit der entlegensten Sphäre des Erlöschens.

8
Warum hat sich Orpheus umgedreht? Diese Frage stellen alle einmal, die das Märchen nacherzählen. Aber selten wird beachtet, was bei Orpheus wirklich schiefgegangen ist. Nicht der Sänger hat versagt, etwa falsche Noten intonierend, sondern der Liebende, der Mensch war der Schwierigkeit des Weges aus dem Hades nicht gewachsen. Daher lauten die meisten Antworten auf die Defekte des Verhaltens: Ein Wahn befällt Orpheus (dementia cepit amantem), überwältigt vom Liebesgefühl vergisst er den Befehl, und Eurydike hat sein unsinniges Rasen (tantus furor) zu beklagen.[15] Oder den Sänger befällt die Angst, seine Frau könnte müde werden, er möchte sie endlich sehen (metuens avidusque videndi).[16] Oder Orpheus erliegt dem Sog, der von den Totengöttern ausgeht und alles, was sich ihrem Blick aussetzt, hinunterzieht.[17] Er ist ein Opfer an die Götter, denen nichts fremder ist als der Gang ins Freie. Süskind meint, es sei die Koketterie des Künstlers vor seinem Publikum gewesen, die ihn nicht erfolgreich sein ließ. „Er, dessen ganze Kunst und raison d'être darin bestehen, die eigene Seele nach außen zu kehren, muss sich produzieren, er muss sich, um seine Seele gespiegelt zu sehen, zuwenden. Und

irgendwann, allen Verboten zum Trotz, tut er es."[18] Ich will nicht bestreiten, dass Orpheus auch für die Psychologie der Theaterbühne als Zeuge angerufen werden kann. Geschichten dieser Art sind in vielen Formen verwendbar. Es werden aber wahrscheinlich nicht alle mit gleicher Konsequenz den Kern des Mythos berühren. Ich glaube nicht, dass der Vorschlag Süskinds genügt. Für den Vergleich mit Jesus bringt er außerdem wenig passende Perspektive. Von dem Propheten aus Galiläa wird jedenfalls ein vergleichbarer Gestus nicht erzählt. Er ist keine rückwärts gewendete Gestalt. „Keiner, der die Hand an den Pflug gelegt hat und nochmals zurückblickt, taugt für das Reich Gottes." (Lk 9, 62)

9
Jesus geht als Sieger durch das Totenreich, nicht wie Orpheus, der in der Audienz sein Anliegen vorbringt und nicht weiß, ob er Erfolg haben wird. Die überlegene Entschiedenheit auf der einen und die Unentschiedenheit auf der anderen Seite haben vor allem in der ästhetischen Betrachtung zu resoluten Urteilen geführt. Orpheus wäre demnach die weitaus glaubwürdigere Figur, weil er mit dem Risiko der Vergeblichkeit handelt. Der Verlierer gewinnt beim Publikum, das seinem Gang beiwohnt, als Verlierer Sympathie. Das ist die Gestalt, die gemacht ist, wie wir gemacht sind, das Sentiment dreht sich mitfühlend zu ihm hin. Jesus trägt dagegen seinen Erfolg strahlend vor sich her. Zwar sind die Schläge, an denen er gestorben ist,

an seinem Leibe sichtbar, aber sie sind zu sehen als die großen Abzeichen des Sieges, den er errungen hat, an dem es auch nie einen Zweifel gegeben hat. Ich meine, dass hier eine deutliche Unterscheidung am Platz ist, weil sonst eine fortwährende Verwechslung der Perspektiven droht. Vom Gesichtspunkt der theatermäßigen Eignung aus ist die Gestalt des Orpheus ohne Zweifel überlegen. Die ästhetischen Gesetze der szenischen Dramaturgie weisen ihn als die plausiblere Rolle aus, in der alle Elemente einer rührenden, unterhaltsamen, spannenden und nachwirkenden Geschichte enthalten sind. Der Jesus des Hadesganges will nicht auf dieser Ebene der kunstvollen Darstellung verstanden sein, sein Handeln ist ganz und gar existenziell ausgerichtet, auf die Verwandlung der Lebenslage, auf die Durchsetzung des Lebens gegen die tödliche Endlichkeit. Daher kommt es nicht darauf an, dass handlungsästhetische Regeln befolgt werden, sondern dass die Sache gelingt. Es entspricht deshalb seinem Programm, wenn Jesus im Gewand und mit dem Gestus des Siegers auftritt und alles, was die Viktoria gekostet haben mag, hinter ihm liegt. Es entspricht nicht der alltäglichen Lebenserfahrung, wenn in der kunsttheoretischen Debatte behauptet wird, die Option für den siegreichen Part sei allemal lebensfremd oder gar unmenschlich, weil mit der Lust an plumper Überlegenheit verbunden. Wir leben alle Tage in ganz gewöhnlichen Situationen davon, dass uns existenziell geholfen wird, von Menschen, die ihr überlegenes, effizientes Können erfolgreich für uns einsetzen. Jeder

Schauspieler wird die Kunst des Chirurgen oder des Krebsarztes im Ernstfall gern an sich geschehen lassen, wie der Alpinist froh ist, wenn ihn die Bergrettung mit kompetenten Griffen von oben her aus der Spalte holt. Was die theatralische Darstellung bietet, kann an der Leistung des Heilbringers nicht gezeigt werden: die schrittweise Allmählichkeit des Geschehens, die gebrochene Durchführung, die wechselnde Motivation der handelnden Personen, das Zwielicht von Erfolg und Katastrophe, also lückenlos gleitende und so anschauliche Veränderung. Was mit ihm kommt hat die Form der plötzlichen Totalität und ist daher dem Instrumentarium der Ästhetik entzogen. Mit Hegel gesprochen: „Alle *Geburt* und *Tod* sind, statt eine fortgesetzte Allmählichkeit zu sein, vielmehr ein Abbrechen derselben und der Sprung aus quantitativer Veränderung in die qualitative."[19] Wir sind es gewöhnt, von der Geschichte Gottes mit den Menschen zu sprechen und diese Geschichte unter die anderen Geschichten zu mischen, die rundherum erzählt werden. Zur ungewöhnlichen Andersheit der Gottesgeschichte gehört, dass in ihr das Wagnis und die Gewissheit des Gelingens ineinandergehen. Der Messias kann schwach sein, getreten und gedemütigt werden, aber er kann nicht der Verlierer sein. Am Ende wird er als der Sieger erscheinen. Die Geschichte Gottes mit den Menschen ist nicht unentschieden auf jedes Ergebnis hin offen, sodass in gleicher Möglichkeit zum Schluss der Teufel oder der liebe Gott der Gewinner sein könnte.

Aus der Gegenüberstellung der beiden Gestalten ist keine gegenseitige Vernichtung abzuleiten. Was sich ergibt ist eher eine Geschichte ihrer Geschichten, weil sie in ihrem Genügen und Ungenügen ineinander verschränkt sind. Es ist aber gewiss keine Nebensache, welche Breite und Tiefe die Front hat, an der eine große Gestalt Stellung nimmt und sich bewähren will. Das ist der Vergleichspunkt, der ins Auge zu fassen ist, wenn schon verglichen werden muss. Hier wird entschieden, welches Maß an humaner und religiöser Kompetenz gegeben ist, und hier kann für mein Gefühl kein Zweifel sein, dass der Befund eindeutig für Jesus spricht. Die mythische Figur des Orpheus ist belastet vom alten und vom modernen Fatalismus, der sich ohne Wenn und Aber dem Tod ausliefert, indem er der Suggestion des allgemeinen Erlöschens gehorcht. Dagegen steht Jesus eindeutig für die Offenheit des Horizontes, in dem das Leben eine unerschöpfliche Quelle hat. Süskinds Vergleich endet also, wenn er ernsthaft durchgeführt wird, mit der klaren Option für den Mann der Bibel. Niemand anderer kommt in Frage als wer das stärkere Leben anzubieten hat. Wenn ich die Wahl habe, den Helfer gegen den Tod zu engagieren, fällt sie allemal auf Jesus, weil er die komplette Gestalt ist und die vollständige Handlung setzt. Er meint alle, nicht nur sich und seine einzelne Portion Liebesglück.

10

Die Musik, wie sie mit dem Namen Orpheus an unser Ohr kommt, scheint ein Gebilde zu sein, das überall Zustimmung auslöst, das pure Positive, auf das sich alle gern und bejahend einlassen. Es gibt wenige Felder der menschlichen Kultur, wo so viel überschwängliche Sprache zusammenfließt wie im Diskurs über die Musik. An einem bestimmten Punkt ist diese Ballung besonders deutlich wahrzunehmen.

In den Texten über die Musik kommt mit merkbarer Häufigkeit das Wort *Macht* vor, begleitet von verwandten Ausdrücken, also Allmacht, Gewalt, überwältigend, Bann. Ihre Wirkung, heißt es immer wieder, ist stark, tief und weitreichend, unfehlbar, in dieser allgemeinen Betonung. Es gibt einen eigenen Topos *Lob der Musik*, gehalten im hohen, begeisterten Ton.[20] Mit der bewegenden Kraft ist freilich noch kein Inhalt angesagt, nur das große Berührungsgefühl wird genannt. Aber es fehlt auch nicht an konkreten Angaben, wie in Franz von Schobers Versen, die Schubert vertont hat.

Du holde Kunst, in wie viel grauen Stunden,
Wo mich des Lebens wilder Kreis umstrickt,
Hast du mein Herz zu warmer Lieb entzunden,
Hast mich in eine bessre Welt entrückt!

Oft hat ein Seufzer, deiner Harf' entflossen,
Ein süßer, heiliger Akkord von dir
Den Himmel bessrer Zeiten mir erschlossen,
Du holde Kunst, ich danke dir dafür![21]

Die Musik stiftet in der kalten Welt das warme Feuer der Liebe, sie tröstet inmitten der Weltangst, sie ist das Fahrzeug der Entrückung in das bessere Land, die sanfte Utopie. Auf der Welle gehäufter Adjektiva springt die Zustimmung heran. Was da kommt ist hold, warm, besser, süß und heilig, in der Musenfigur personifiziert. Wer will leugnen, dass dieses Lied selbst die Wirkung bezeugt, von der es spricht, tief in das Gemüt greifend, lösend und hebend? Dass viele Menschen den Dank nachsprechen, weil sie eben diese Erfahrung gemacht haben? Mit der Musik, sagen sie, bin ich besser da in der Welt, bin ich stärker und näher an der Freude, mit den Ohren in einer jenseitigen Sphäre. Das lässt sich verbinden mit anderen Leistungen, die der Tonkunst häufig zugeschrieben werden. Von Johann Gottfried Seume (1763–1810) stammt ein kleines Gedicht, das später zu einem populären Spruch vereinfacht worden ist:

Wo man singet, laß dich ruhig nieder,
ohne Furcht, was man im Lande glaubt;
wo man singet, wird kein Mensch beraubt;
Bösewichter haben keine Lieder.[22]

Die Musik wird mit dem verbunden, was wir gemeinhin das Positive nennen. Ich nenne diese Verknüpfung die *Orpheus-Gleichung* und will mit diesem Ausdruck betonen, dass die Nähe der Musik zum Guten sehr oft aus dem ekstatischen Erlebnis abgeleitet wird und keiner langen Erläuterung bedarf. Sie drängt zu einem sehr kurzen Schluss: Wer Kunst macht, und vor allem: wer singt, kann nicht böse sein. Musik ist in ihrer Schönheit Präsenz des Guten, sie stellt es dar und führt es herbei. Diese Meinung kann mit unzähligen Beispielen belegt werden, ich erwähne wenigstens einige. In der praktischen Anwendung wird die Musik medizinisch und kriminalpädagogisch eingesetzt. Der schöne Film *Die Geschichte vom weinenden Kamel* des Regisseurs Byambasuren Davaa zeigt die Wirkung der Musik auf das Tier. Die lokale salzburgische Geschichtsschreibung berichtet von Carl Santner (1819–1885), einem musikalisch begabten und aktiven Beamten, dass er als Leiter der Garstener Strafanstalt erfolgreich versucht hat, Seumes Verse praktisch umzusetzen, indem er mit den Gefängnisinsassen intensiv Musik machte.[23] Rechtzeitig zum Geburtstag Mozarts sind Bücher erschienen, in denen von der lebensrettenden Wirkung seiner Musik berichtet wird: E.-E. Schmitt, Mein Leben mit Mozart. Zürich 2005; Maarten 't Hart, Mozart und ich. München 2006. Das passt ganz zur theoretischen Überzeugung, wie sie immer wieder aus dem Bereich der Musikschaffenden und Musikkonsumierenden zu hören ist. Etwa von Hans Werner Henze, der anlässlich des Münchner Opernfestivals 1994 im Interview beim ZDF erklärte: „Der Mensch, der Musik macht, ist am besten gegen die Möglichkeit geschützt, Böses zu tun." Er hätte dazu Mozarts *Zauberflöte* zitieren können. Die drei Damen singen bei der Übergabe des Wunderinstruments an Tamino (Nr 5. Quintett):

Hiermit kannst du allmächtig handeln,
der Menschen Leidenschaft verwandeln.
Der Traurige wird freudig sein,
den Hagestolz nimmt Liebe ein.

In der Musik strahlt unwiderstehliche Güte in die Welt, darum ist sie auch das beste Medium der Völkerverständigung, in dem die Emotionen gereinigt und die Konflikte in sanfter Lösung beigelegt werden. In diesem Schub der Bejahung fährt bald eine grundsätzliche und hohe Bestimmung des Ortes mit, der nun der Musik zugewiesen wird. Ganz oben angefangen: Die Musik wird zur Religion oder mindestens deren stärkstes Organ. Beethoven schreibt an eine seiner Verehrerinnen: „Fahre so fort, übe nicht allein die Kunst (die Musik), sondern dringe auch in ihr Innerstes; sie verdient es, denn nur die Kunst und die Wissenschaft erhöhen den Menschen bis zur Gottheit."[24]
In der „Erhöhung des Menschen bis zur Gottheit" setzt sich die Allmacht der Musik durch, auf der Ebene der Vermittlung und der Erkenntnis, in der Unmittelbarkeit des Zuganges, denn einen kürzeren Weg gibt es nicht. Musik verbürgt die Reinheit der Erscheinung von oben her, es ist kein deutlicheres, sicherer sprechendes Zeichen für die liebende Präsenz des Göttlichen zu finden, eindeutig, rein, hell, gewinnend und erfreuend, der störungsfrei funktionierende Code. In der Musik betrete ich geraden Schrittes den Himmel. Die Tonkunst versetzt in eine Sphäre der heiteren Mühelosigkeit, in der die ganze Arbeit der geistigen

Vergewisserung mit allen ihren Zweifeln und Fragen überboten ist. So spricht vor allem die Romantik über die Musik.[25]

Wie kommt es zur Orpheus-Gleichung, welches Spiel der Zeichen legt sie nahe, was macht sie plausibel? Es ist nicht leicht, auch bei den großen ausübenden Musikern dazu eine klare Auskunft zu finden. Ich vermute, dass es viel zu tun hat mit der Süße und Lindheit des Melodienflusses, mit der Köstlichkeit der tönenden Form. Es scheint nicht möglich zu sein, dass die Musik der Bildnis-Arie und böse Gemeinheit in ein und derselben Seele koexistieren. Auf der Partitur der *Kleinen Nachtmusik* kann man geradenwegs in den Himmel fahren, aber nicht in die Hölle.

Die Orpheus-Gleichung wird nicht nur im ursprünglich religiösen Bereich durchgeführt, sie wird auch außerhalb veranstaltet. Ihre hohe Bestimmung geschieht noch unter dem Vorzeichen entschlossener Religionslosigkeit, wie in der Philosophie Ernst Blochs. Für seine Theorie ist die Musik das stärkste Utopicum der menschlichen Welt, in dem ihr humaner Gehalt gärt und nach Entbindung drängt. Das lautet in seinem prophetischen Tonfall so: „Aber es wird eine Zeit kommen, wo der Ton spricht, ausspricht, wo die wahren Leuchter endlich in das obere Ich gestellt werden ... wo die neuen Musiker den neuen Propheten vorhergehen werden; und so wollen wir den Primat eines sonst Unsagbaren der Musik anweisen, diesem Kern und Samen, diesem Widerschein der bunten Sterbenacht und des ewigen Lebens, diesem Saatkorn zum inneren mystischen Meer des Ingesindes, diesem Jericho und ersten Wohnort des Heiligen Landes. Wenn wir uns nennen könnten, käme unser Haupt, und die Musik ist die einzige subjektive Theurgie."[26] Hier liegt einem schnell das Wort *Transzendenz* auf der Zunge, und Bloch würde es keineswegs abwehren, aber sicher ganz in seinem strikt weltlichen Sinn auslegen. Die Musik ist der latente Ton, auf den die Welt gestimmt ist. Der Ton ist die Welt selbst, keine göttliche Macht jenseits, kein Mysterium über sie hinaus, sondern Mysterium allein in ihr, also der schönste Schritt in der Selbstüberschreitung der Welt. In der Musik bringt sich nicht Gott zu Gehör, sondern der kommende Mensch klingt an, der wahre, freie, zu sich selbst versammelte Mensch. Musiker wie Hans Werner Henze und Ludwig Rihm übernehmen dieses Konzept für die Deutung ihrer Komposition, in der sie auch traditionelle Formen, zum Beispiel das *Requiem*, in ihrem Sinn verwenden. Wenn man diese Option in ihren Linien über die Orpheus-Geschichte legt, ist leicht zu sehen, dass sie fugenlos in deren Konstruktion passt. Wie der Sänger des Mythos seine Eurydike in das sterbliche Leben zurückholt, sucht der heutige Compositeur Zeit zu gewinnen für die Verbesserung der conditio humana. Wie Orpheus anerkennt der moderne Künstler dieses Glaubens das Fatum, die unveränderbare Gegebenheit der Lebensgrenze. Wer sich von den weitum üblichen Signalen der Überlegenheit nicht einschüchtern lässt, wird seine Vermutungen nicht verschweigen, die sich in dieser Atmosphäre einstellen.

Die Weltbefindlichkeit wird nicht heller, wenn sich die weltüberschreitende Bewegung auf den irdischen Ausgangspunkt zurückbiegt. Sie wird eher trübsinniger, weil ihr der mögliche Ausblick verübelt, der Horizont vernagelt wird. Die Musik klingt in keiner Note einfach deshalb besser, weil sie ausschließlich für die Welt bestimmt ist. Ich bezweifle mit meinem stärksten Gefühl die viele Gegenden durchschleichende Behauptung, die Leute hätten deshalb schon mehr hiesige Lebensfreude gewonnen, weil sie nicht mehr in den Himmel kommen wollen.

11

Trotz dieser Einschränkung der Musik auf den irdischen Ton bleibt es bei der häufigen Rede von der Macht der Musik, die das Gute erscheinen lässt und herstellt. Es wird kaum jemand geben, auch nicht in unserer fortgeschrittenen Welt, der sich das nicht von Herzen gern gefallen ließe. Wenn es nur so wäre und zuträfe. Leider wissen wir aus vielen unabweisbaren Erfahrungen, dass auch der Teufel Geige spielt. Dass eben die Unmöglichkeit, von der die Orpheus-Gleichung ausgeht, möglich ist. In der menschlichen Seele hat sehr vieles zugleich Platz, das bezaubernde Andante und die roheste Gemeinheit. Aggression, Krieg, Schlacht, Opium, Gleichgültigkeit und genießende Gedankenlosigkeit können mit der Musik verbunden sein. Die gleiche Seele wird ja auch zum Schauplatz der unglaublichen Verbindung des brennenden Gottesgefühls und der rohesten Gewalt. Auch die Religion ist nicht imstande, die glatte Immunität gegenüber dem Bösen herzustellen. Und die Musik ist kein gefahrloser Ausweg, kein brauchbarer Ersatz. Einige anekdotenhafte Beispiele mögen zunächst an diesen Sachverhalt heranführen.

Aus der Zeit des Zweiten Weltkrieges wird berichtet, dass im Projekt der Judenvernichtung durch das Dritte Reich Folgendes geschehen ist: Das deutsche Reserve-Polizeibataillon 101, vorwiegend in Hamburg rekrutiert, wurde nach Polen abkommandiert, um dort in einigen Dörfern an der Erschießung der jüdischen Bevölkerung mitzuwirken. Während dieses Einsatzes wurde auch von der Musik Gebrauch gemacht. An einem Abend „war als sogenannte Frontbetreuung eine Unterhaltungstruppe Berliner Polizisten bei uns zu Gast. Diese Unterhaltungstruppe bestand aus Musikern und Vortragskünstlern. Die Angehörigen dieser Truppe hatten von der bevorstehenden Erschießung der Juden ebenfalls erfahren und sich nun erboten bzw. ausdrücklich darum gebeten, sich an der Exekution dieser Juden beteiligen zu dürfen. Diesem Ansinnen wurde von Seiten des Bataillons stattgegeben."[27] Das geschah in ganz ungezwungener Motivation, in der Freude, den eigenen Eifer für die Sache des Führers möglichst konkret zeigen zu können. Die Walzer, die das Ensemble spielte, hatten offenbar keine hemmende Wirkung, sie sollten eher der Stärkung des Einsatzwillens dienen.

Ein anderes Dokument: Heinrich Himmler, der Reichsführer SS, sagte im Gespräch über Reinhard Heydrich, der dabei war, das von ihm entworfene Programm der Judenvernichtung zu realisieren: „Im übrigen wird Sie interessieren, Heydrich war ein sehr guter Violinspieler. Er hat mir zu Ehren einmal eine Serenade vorgetragen, das war wirklich Format, nur schade, dass er sich auf diesem Gebiet nicht öfter betätigte."[28] Es hat im totalitären System Hitlers nicht an der Nähe zur Kunst und auch nicht an der Liebe zur Kunst gemangelt. „Musik gab es überall, in den Zentren der Macht, in den Opernhäusern und bei den Parteiversammlungen, bei den Festspielen und in den Cafés, bei der Wehrmacht und in den Konzentrationslagern, im lokalen Widerstand und bei den Kärntner Partisanen..."[29] Wer darauf antwortet, es sei nicht die rechte Nähe und nicht die echte Liebe gewesen, formuliert nicht die Antwort, sondern das Problem: Welchen Ort hat die Musik im Handeln des Menschen, in den kleinen und großen Entscheidungen? Ist sie nicht oft genug, wie schon im Erziehungsprogramm des braunen Regimes, Funktionen unterworfen, die keineswegs dem Guten zuzurechnen sind? Von Hitler stammt das Wort, nur ein musischer Mensch könne auch ein erfolgreicher Feldherr sein.[30] Hermann Langbein, einer, der Auschwitz überlebt hat, beschreibt die Musik im Lager, wie sie von allen Seiten gemacht und genossen wurde. „Die Musiker hatten viel zu tun. Sie spielten beim Appell auf, und die Frauen, die erschöpft von der Arbeit heimkehrten, mussten im Takt zur Musik marschieren. Zu allen offiziellen Anlässen wurde die Musik bestellt, zu den Ansprachen der Lagerführer, zu

Transporten und wenn einer gehängt wurde. Dazwischen diente sie der Unterhaltung der SS und der Häftlinge im Krankenbau. Im Frauenkonzentrationslager spielte jeden Dienstag- und Freitagnachmittag die Kapelle im Revier, unbeirrt von allen Ereignissen und Selektionen ringsum."[31] In die Form des mythischen Bildes übersetzt heißt das: Orpheus verzaubert den schrecklichen dreiköpfigen Höllenhund Cerberus, dass er stillhält und ihn nicht anfällt. Dieser vergisst im Zuhören seine Wildheit, freilich nur für diesen Augenblick, denn er legt seine Natur nicht ab, sondern beiseite. In Auschwitz ist die Bestie schlau geworden. Dort beginnt Cerberus selbst zu singen, um der bessere Hund zu sein, um Unterhaltungsvergnügen zu haben, ohne einen Zentimeter von seinen Todespflichten abzuweichen. Die Musik hat sich in ein Element verwandelt, das in die Tötungsmaschine eingebaut ist und tödlich funktioniert. Der Erfolg des Nazitums ist in der jungen Generation der Hitlerjugend mit starkem Schub über die Lieder gelaufen, in später Fortsetzung der romantischen Tradition.

Und von der anderen Seite: Der Schriftsteller Maxim Gorki erzählte, Lenin habe nach dem Besuch eines Beethoven-Konzerts, bei dem die f-moll-Sonate gespielt worden war, die Bemerkung gemacht: „Ich kenne nichts Schöneres als die *Appassionata* und möchte sie jeden Tag hören. Eine wunderbare, nicht mehr menschliche Musik! Ich denke immer mit vielleicht naivem kindlichen Stolz: dass Menschen solche Wunder schaffen können!" Dann jedoch, erzählt Gorki, kniff Lenin die Augen zusammen, lächelte und setzte unfroh hinzu: „Aber allzu oft kann ich diese Musik doch nicht hören, man möchte lieber Dummheiten reden und Menschen den Kopf streicheln, die in schmutzigen Höhlen leben und trotzdem solche Schönheiten schaffen können. Aber heutzutage darf man niemandem den Kopf streicheln – die Hand wird einem sonst abgebissen. Schlagen muss man auf die Köpfe, unbarmherzig schlagen, – obwohl wir im Prinzip gegen jede Vergewaltigung der Menschen sind. Hm, unser Amt ist höllisch schwer."[32] Die Musik ist für den Politiker kein geeignetes Mittel zur Bewältigung der Realität, sie kann mit der Gewalt nicht konkurrieren, der Wechsel vom Streicheln zum Schlagen ist leicht und plausibel. Der Konsum von Musik ändert nichts am Verhalten in der konkreten Situation, auch nicht in der sublimsten Form. Das verführt höchstens zum Dummheitenreden. So wäre Vieles aufzuzählen, was die Ambivalenz der Musik von der Erfahrung her bestätigt, die Schlachten- und Militärmusik vom *barritus*, dem dumpfen Schildgesang der Germanen, bis zum Schofarblasen der Israeliten vor der Stadt Jericho (Josua 6, 1-27). Auch von David wäre zu reden, der in charismatischer Personalunion König, Krieger und Musiker war. (1Sam 16, 14-23; 2Sam 6, 1-23) Und auf das üppig bestellte Feld der Musik-Literatur liefert mit vielen Namen auch Anthony Burgess seinen Roman *Uhrwerk Orange*.[33]

Jenseits aller zweifeln machenden Einzelheiten geht der Blick auf die Gesamtlage der Kultur. In Europa bleibend wird man der erschreckenden Erkenntnis nicht ausweichen können, dass die enorme Musikproduktion und der intensive Musikgenuss im 19. und im 20. Jahrhundert kompatibel waren mit den furchtbarsten Weltkriegen und sorgfältig geplanten Menschenvernichtungen. Es hat gewiss nicht an allem Aufwand gefehlt, den Nikolaus Harnoncourt für die Gegenwart fordert. Er meint, es sei wieder höchste Zeit, die Sprache des Herzens zu pflegen, die andere, alogische, phantastische Denkweise, also „Kunst wieder ganz zentral in die Erziehungsprogramme, in die Lehrpläne aufzunehmen, wo sie jahrhundertelang ihren Raum innehatte."[34] Lehrt uns die Geschichte so einfache Rezepte? Postulate dieser Art haben im Augenblick ihren starken Ton und sind bei der Zelebration des Neujahrskonzertes auch in hohem Maße beifallsfähig. Aber entsprechen solche Forderungen auch unseren Erfahrungen? Ich meine, sie erinnern eher an Sätze, die Paulus im Römerbrief geschrieben hat: „Ich begreife mein Handeln nicht: Ich tue nicht das, was ich will, sondern das, was ich hasse." (6, 15) An diesen Zwiespalt des Herzens reicht keine Orpheus-Gleichung heran. Wenn einer gute Musik macht, ist immer noch offen, ob er auch ein guter Mensch ist oder sein will, einer, der am Tor des Gerichtes Einlass findet. Dazu ist mehr nötig als die Änderung von Lehrplänen. Hier beginnt die Religion ihren Diskurs. Und ihr stärkstes Wort ist die Ankündigung, dass Gott absteigt in das Labyrinth seiner Schöpfung. Vor ihm sind alle Fragen offen, alle Klagen aktuell, nichts ist allein deshalb erledigt, weil seit dem Ereignis viel Zeit vergangen ist und viel gute Musik gemacht wurde.

12

Wohin mit Orpheus? An Orten wie Salzburg bietet sich ein Kulturjargon an, in dem alles zum Knäuel gedreht und der superlativen Häufung einverleibt wird. Salzburg, Mozart, Musik, Oper, Festspiele, Barock – wer wird da nicht gleich mit hoher Stimme *Orpheus!* hinzufügen und mit dem mythischen Namen allerhand Zusammenhänge verweben? Wenn man ein wenig herumgelesen hat in der unaufhörlichen Deutungsliteratur und an ihren hohen Allgemeinheiten satt geworden ist, stellt sich bald die Bereitschaft ein, Orpheus der Oper zu überlassen. Dort kommt er am häufigsten vor, auf ihren Brettern ist alles erlaubt und alles möglich, jede Nuance der emotionalen Ausbeutung der Figur ist willkommen. Eurydike geht und kommt, hingegeben der Ergiebigkeit des Fühlens, Eurydike einmal weg und einmal da, in rauschender Schallgeschwindigkeit, vorgemacht von Christoph Willibald Gluck. Eben hat noch Orpheus in der berühmten Arie davon gesungen, dass er die Frau für immer verloren habe, und keine Minute später zaubert ihm der Gott Eros die Gattin wieder her, was mit gehörigem Gefühlsjubel begrüßt wird. Es ist als wäre nichts gewesen. Alles wird ausgekostet im Namen der Phantasie, in einer Schnelligkeit, die den normal konstruierten Menschen überfordert. Will mir jemand einreden, dass ich aus solchen Purzelbäumen des Librettos lernen kann, was die harte

Plötzlichkeit des Todes ist? Gönnen wir nicht lieber dem Komponisten die Freude, dass ihm ein findiger Texter stimmige Gelegenheiten für schöne Lieder geschaffen hat?

Die Oper modelt die Orpheus-Geschichte nach ihrem momentanen Gusto um, unterwirft sie so hemmungslos einer gleitenden Vielsinnigkeit, dass sie sinnlos wird. Sollte man nicht einer Geschichte zuweilen wenigstens ihre Logik lassen, die sie im Augenblick ihrer Entstehung hatte, statt sie sofort wie einen beliebig knetbaren Teig zurechtzumachen? Ist es nicht fruchtbarer, den Agon der Geschichten, ihre Härte und Widersprüchlichkeit auszuhalten? Wenn sich Orpheus und Jesus in ihrer Eigenart gegenübertreten, sprechen ihre Geschichten schärfer als in den beliebigen Adaptationen. Aus der Jesus-Perspektive gesehen erweist sich Orpheus als der vorläufige Akteur gegen den Tod, der die Liebe nicht in ihrem ganzen Anspruch vertritt, sondern sich mit dem endlichen Zeitgewinn begnügt. Alles kulturstiftende Handeln des Sängers gerät von der Katastrophe des Rückblicks her unter das negative Vorzeichen der Vergeblichkeit, der Depression und der mänadischen Zerfleischung. Die Musik ist seine Kraft, aber sie kann den Musiker nicht trösten. Jesus fehlt in den Augen des Orpheus der musikalische Habitus, mag auch seine Gleichnis-Sprache durchaus musisch gestimmt sein. In der Art, wie er sich gibt, bleibt er ganz auf das Wort konzentriert, eine Stimme von trockener Armut. Was Orpheus durch das Lied bewirkt, die Sänftigung der wilden Natur, das vollbringt der Rabbi mit dem leiblichen Gestus und dem befehlenden Wort: Die Stillung des Seesturms, die Speisung der hungrigen Menge, die Austreibung der dämonischen Mächte. Die Wahl dieses Mittels ist nicht zufällig geschehen, sondern der Deutlichkeit wegen, in der das Wort verfasst ist. Wie alle Religion mit dem Wort beginnt und die Melodie folgen lässt, so spricht Jesus das Evangelium, und seine Gemeinde beginnt in ihrer Freude daran zu singen.

Wofür steht der Salzburger Orpheus, den der Bildhauer Hrdlicka aus dem Stein geschlagen und als weisende Figur im Festspielbezirk aufgestellt hat? Was sagt er dem strömenden Publikum? Es liegt nahe, mit dem Spruch zu antworten, der an der Stirnwand des Festspielhauses zu lesen ist: *Der Muse heiliges Haus steht offen den vom Liede Entzückten, von ihm begeistert trage uns in die höhere Welt die göttliche Macht. (Sacra camenae domus concitis carmine patet quo nos attonitos numen ad auras ferat.)* Der Patron der Musik wird mit den im Vers gestellten Aufgaben leicht zurechtkommen – wenn er entsprechend übersetzt. Das angegebene Ziel muss ihn nicht überfordern: *aurae* bedeutet *Höhe, obere Welten*, und kann auch als hohe Stimmung, Gefühlsflug oder sublimer Genuss verstanden werden, die abendliche Kunstfestlichkeit im barocken Ambiente. Schwieriger wird es sein, wenn das lateinische Wort für *Himmel* stehen soll, wie es in der Bibel gemeint ist, der Gottesort ganz draußen, über alle Gemütszustände hinaus. Dahin hat der Heros des Liedes gar nicht gezielt, als er seine Eurydike holen ging, er wollte mit ihr nur wieder zurück auf den Erdboden, in den weltlichen Tag, nicht in das ewige Licht. Es muss ihm erst klargemacht werden, dass es diese Sphäre gibt, er müsste sich mit seiner Seele dahin öffnen, er müsste den Himmel lernen. Die Vokabel *concitis carmine* und *attonitos* heißen ganz wörtlich *begeistert, entzückt vom Lied*. Dafür muss sich Orpheus kompetent fühlen, das kann er, mit dem Lied erfreuen, heben, bewegen, und Jesus wird ihm nicht dreinreden, so wenig, wie er die Freude am Hochzeitswein unterbrochen hat. (Joh 2, 1-12) Die Musik liefert den Startschub für die Fahrt, von der die Inschrift spricht, hilft abheben, sie verwandelt die Sesshaftigkeit in einen Flug und lockert die Schwerkraft. *Carmen* heißt es, also *Lied, Gesang*, der Ton im Wort geformt, das Kunstwerk im Sprachwerk. Der Spruch gibt auch das Subjekt der Bewegung an. Wer sorgt dafür, dass die vom Lied Berührten ans Ziel kommen? Nicht das Lied ist es oder das vom Lied ausgelöste Gefühl, das sich selbst tragen könnte, sondern das *numen*. Es steht nicht „deus" da, „Gott", sondern *göttliches Wesen, heilige Macht* mit einem allgemein klingenden Vokabel, vielleicht ein wenig manieriert, weil der übliche Gottestitel zu gewöhnlich ans Ohr kommt. Sicher spielt auch die Rücksicht auf die gemischte Festgemeinde herein, die einen nicht zu deutlichen, einen überall nennbaren, zustimmungsfähigen, minimal verschreckenden, nicht mit dem Makel konkreter Identität behafteten Gott wünscht. Aber dieser so Genannte jedenfalls tut es, niemand sonst, unterscheidbar das numen, nicht etwa das fatum, nicht die natura, nicht die Evolution, nicht irgendwas. Und diese

Macht bedient sich des Mediums der Musik, für die das Haus gebaut ist, sie soll es wenigstens so tun. Die wirkende Kraft ist nicht das Lied, sondern die liedfreundliche Gottheit. Der lakonische Optativ „ferat" deutet an, dass es keine natürliche Notwendigkeit ist, was hier geschieht, sondern eine große Möglichkeit, eine Sache der Gnade. Der Gott trägt, wenn er tragen will. Orpheus ist nicht dieser Gott, er bedient ihn, wie der Mythos meint, mit dem Zauber der Musik. Verspricht der feierliche Vers eine Himmelfahrt im Konzertsaal? Eine Art Konkurrenzgottesdienst vis-à-vis zu den Riten der Religion? Es ist ja ausdrücklich die Rede vom heiligen Haus der Muse. Bietet die domus sacra auch eine Unterkunft für allerlei Blas- und Hausmusik, einfältiges Gedudel, krachende Rhythmen, schweißtreibende Songs? Das gesamte Weltgeräusch, naturhaft gewachsenes Gackern und kunstvoll zur Fuge gebaute Töne – hat Orpheus dafür genug Stimmbänder? Die Inschrift scheint ihn auf die Seite einer teuren Exklusivität zu stellen, wo die Elitemusik produziert wird, die gegen hohe Eintrittspreise zu haben ist. Der katholische Jesus-Mensch wird kein strenges Lineal schwingen, von jeder Stelle des Planeten aus ist gut in den Himmel kommen, und es kann auf allen Fahrzeugen geschehen, mit allen Elementen der Schöpfung. Er denkt aber an die Masse der nichtmusischen Leute, die auch nach oben fahren und es mit ihren dürftigen Lebensmitteln schaffen müssen. Und er wird nicht wünschen, dass der Orpheus des Festspielhauses an der Himmelstür sitzt und den Ausweis der Musikalität kontrolliert. Für die letzte und höchste Kommunikation ist kein absolutes Gehör vonnöten, es genügt die alltägliche Wahrnehmung. In der göttlichen Aura zählt nicht die hoch entwickelte Artistik, sondern das gute Herz. Auf diesem Vehikel kann alles mitfahren, Tenöre, Soprane, Orchester, Tuben und Posaunen, Gitarren und Zithern in aller Machart. Der Salzburger Orpheus wird durch sein mythisches Urbild daran erinnert, dass die Rettungsaktion auf der Basis der musischen Wirkung misslungen ist. Orpheus schafft die Stiege hinauf aus dem Hades, weiter aber nicht, denn die Götter gehen nicht mit ihm, sie tragen ihn nicht, sie lassen ihn nur ein Stück weit ziehen. Orpheus bleibt samt seinem Lied im Bann der Unterwelt. Darum wäre es mehr als eine passende Legende, dass Jesus in die Totenwelt abgestiegen sei und dort auch den im Schatten begrabenen Orpheus befreit habe. Um so dem Menschen und seinem Lied den Raum des Lebens zu öffnen. Aber Orpheus gehört zu den mythischen Gestalten, die das Verlangen nach dem stärkeren, dauernden Leben nicht nur in die Zone der Todeswelt tragen, um an deren Mauern traurig zu sein. Er dringt immerhin an die göttlich besetzten Orte vor, konfrontiert Hades und Persephoneia mit seiner Weigerung, ohne weiteres mit ihrer Herrschaft zufrieden zu sein. Er setzt dafür eine Kraft ein, die schon in der alten Zeit als besonders kostbar und wirksam galt, die Musik. Orpheus sagt es mit seinem Lied, dass die Gottheit verantwortlich ist für den Tod, und mit seiner Stimme bleibt sie für immer an diese Frage gebunden. Das christliche Evangelium hat es damit nicht genug sein lassen, aber es konnte sich dem orphischen Unternehmen in der Kraft seiner größeren Konsequenz anschließen. Gott selbst, die allen gottheitlichen Instanzen überlegene Macht, übernimmt die Rolle, der die Energie des Sängers nicht gewachsen war. Darum treten schließlich Theologen auf, die das Tun der Allmacht als musikalische Gestaltung verstehen. Diese ewige Macht kennt die Melodie, sie singt das Lied und stillt damit die Frage aller sterblichen Wesen, warum der Todesweg gegangen werden muss. Dafür soll zum Schluss Athanasios das Wort haben, der christliche Bischof von Alexandrien, in seiner Schrift gegen die Heiden: „Wie ein Musiker, der seine Leier stimmt und die tiefen Töne mit den hohen und die mittleren mit den anderen virtuos verbindet und dadurch seine Melodie zum Vortrag bringt, so weiß auch die Weisheit Gottes, die das Weltall wie eine Leier hält und die Dinge in der Luft und auf der Erde und die im Himmel mit denen in der Luft verbindet, das Ganze zu den Teilen fügt und sie nach seinem Wink und Willen lenkt, eine Welt und Weltordnung in harmonischer Schönheit zu schaffen."[35]

III

Gesichter

Wir haben heute schon in den Spiegel geschaut, beim Rasieren, beim Auftragen der Schminke, zur flüchtigen Kontrolle des Gesichts. Vielleicht haben wir uns geärgert oder gelacht oder uns zufrieden zugenickt. Jeden Tag kommt es vor unsere Augen, an der eigenen wie an der fremden Gestalt. Dieser Landschaft wenden wir uns jetzt zu, mit der direkt auf den Punkt gehenden Frage: Was hat das menschliche Gesicht mit den elementaren Bewegungen des Lebens zu tun? Das Vorhaben ist einfach und in einfachen Schritten zu realisieren, indem Eindrücke gesammelt werden, an die sich Gedankengänge lose anschließen.

1

Ein vielseitiges, sorgfältig geschriebenes Buch liegt vor: Die *Geschichte der Stadt Salzburg*[36] Von den Anfängen bis in die gegenwärtigen Tage bieten die Zeiträume Platz für die Gesichter der Menschen, die darin gelebt haben. Über die Jahrhunderte hinweg verstreut die Generationen der Salzburger Lands- und Stadtleute, wie kommen sie vor? Wir sehen zuerst, dass sie in der weit überwiegenden Zahl schon tot sind, der schwer zählbaren Menge derer angehören, die einmal auf Erden gelebt haben. Das Buch macht sie teilweise sichtbar, nicht in einer vollständigen Bildergalerie, in der jedes Gesicht seinen Platz haben könnte, sondern in einer selbstverständlichen, unreflektiert vollzogenen Rangordnung. Die größere Menge der Abbildungen bringt die Kulturwerkzeuge aller Art, im heiligen wie im profanen Bereich; dann kommen die Bilder der Stadtgegend auf und ab, dann der Typus Leute ohne physiognomische Kenntlichkeit und individuelle Hervorhebung, schließlich eine Zahl Gesichter, die alle ein hervortretendes Image haben, gehobene Bekanntheitsgrade, soziale Funktionen. Den obersten Rang besetzen Heilige, Erzbischöfe, Bürgermeister und Landeshauptleute. Hier erscheinen die klarsten und mit Absicht so gesuchten Bilder, zu denen man sagen kann, das ist ein Gesicht, nicht nur ein Typus. Ich stelle jetzt keinen statistischen Vergleich an, um das Verhältnis zwischen Gesichtertoten und gesichtlosen Toten mathematisch greifbar zu machen, ich begnüge mich mit einer schlichten Erkenntnis. Die Zahl der Toten, von denen es Gesichterbilder gibt, ist bei weitem geringer als die Zahl derer, die ohne Bilder geblieben sind. Die Minderheit der gesichthaft überlieferten Toten befindet sich auf der Spitze einer Pyramide, die in ihrem Fundament ganz anonym besetzt ist, von der Menge der Verstorbenen ohne Text und ohne Bild. Diese Proportion zeigt ein anderes, grundsätzlicheres Datum: Das kulturelle Gedächtnis, das wir seit eh und je praktizieren, verfährt ungemein selektiv. Die Spuren der Überlieferung geben keinen Anlass, auf eine gerechte Verteilung der Aufmerksamkeit und der entsprechenden Aufzeichnung zu schließen. Was für die Identität einer Region, eines Volkes wichtig erscheint, ist es wert, in die Bilder einzugehen und gesehen zu werden, die übrige Masse des historischen Stoffes bleibt unbeachtet außerhalb liegen und driftet im Laufe der Zeit so weit aus dem Gesichtsfeld der lebenden Generation, dass es sich bald *wie nichts* anfühlt. Das fällt einem plötzlich ein, gerade in Salzburg, beim Gang durch die schöne Stadt, während der Lektüre ihrer Historie. Reiche Gewesenheit, die Ruinen sauber revitalisiert, in den Speichern das ausgegrabene Menschheitszeug, Kulturgut aller Art, insgesamt eine dichte Decke über dem Boden, auf dem das steht und sich dreht. Die ästhetisch geschlossene Wölbung macht es leicht, sich im Gefühl der Vollständigkeit zu wiegen, dass allem genug getan ist und keine Unbekanntheiten die runde Stimmung zerreißen. Aber durch Salzburg gehend, die viel und gern gesehene Stadt, gehe ich auf dem Boden über den Toten, die nicht gesehen werden, über die Masse der nicht beachteten, verscharrten Gesichter. Gegen die Möglichkeit, es mit einem kurzen Frösteln bewenden zu lassen und im aktuellen Kulturgenuss fortzufahren, meldet sich auf einmal eine Art Postulat, in der Vernunft, im Gefühl schwebend, aber hartnäckig haftend. Alle Gesichter, sagt das Postulat, tragen in sich den Anspruch, gesehen zu werden, unabhängig davon, ob dieser beachtet wird oder nicht. Kein einziges soll einfach vergangen sein, an jedem soll festgehalten werden. Wo wäre die Macht des Gedächtnisses, die imstande ist, sich jedes einzelne Gesicht vor das aufmerksame Auge zu holen, zum Beispiel alle Gesichter der Dienstmädchen und Köchinnen, die während des ganzen 18. Jahrhunderts in der Bannmeile Salzburgs gelebt und gearbeitet haben? Wo stehen ihre Denkmäler? Wo brennt ein Funke persönlicher Zuwendung für sie, wo weht nicht nur der übliche Kulturgeruch, der an den vielbesuchten Stätten ein- und ausgeatmet wird? Einfälle dieser Art werden freilich sehr bald mit dem Abzeichen der historischen Schwärmerei versehen, weil die Möglichkeit, in realer Aktion damit umzugehen, allzu märchenhaft, allzu steil anmutet. Aber vielleicht kommt es dem einen oder anderen darauf an, dass mitten im Schönheitsgetriebe der Erdboden nachgibt und alles, die Phantasie, das Denken, die Neugier, das Wollen, hinunterfällt, bodenlos in das eine bittende Wort: Wo sind die Gesichter alle, o Gott? Ist es denn möglich, schließlich und endlich anders zu reden, wenn man den verschwundenen Gesichtern nachdenkt, anders als im Zuruf an die Macht, die das Leben in Bewegung gesetzt hat?

2
Nichts scheint selbstverständlicher zu sein, als dass wir einander ins Gesicht sehen können. Aber es ist etwas Wunderhaftes daran. In dem Raum, wo wir uns jetzt aufhalten, können wir eine Ahnung davon gewinnen. Wir sehen uns um und versuchen herauszufinden, was uns darin am deutlichsten und bewegendsten in die Augen fällt. Es werden nicht die Bänke sein, nicht die Stühle und auch nicht die Bilder, nicht, was sonst noch an Dingen vorhanden ist. Wir werden uns vermutlich schnell darauf einigen, dass es *wir* sind, die Personen,

ganz allein wir, scharf abgesondert von allem anderen Zeug, das sich gleichzeitig mit uns am selben Ort befindet. Was jetzt hier geschieht, geht ganz von diesen eigentümlichen Gestalten aus. Mit solcher Beobachtung sind wir noch nicht am Ende unserer Aufmerksamkeit, denn alle, die wir hier ein „Wir" sind, werden dazu, indem wir einander eine bestimmte Fläche der leiblichen Gestalt zuwenden, das *Gesicht*.

Der Ort und das Maß des Gesichts zeigen sich in der greifbaren Ordnung des menschlichen Leibes. Die Fläche des Gesichts an der Frontseite des Kopfes ist ein verhältnismäßig kleiner Teil der gesamten Körperfläche, aber die Position an der obersten Stelle des Leibes gibt dem Gesicht die unvergleichbare Bedeutung. An diesem Ort erscheint der Mensch in seiner Eigenart. Wenn Individuen seiner Gattung aufeinandertreffen, können sie gewiss auf viele Stellen hinsehen, auf die Arme, die Hände, den Bauch, die Zehen. Wenn sie aber erfahren wollen, wie sie miteinander dran sind, schauen sie sich ins Gesicht.

Was finden sie dort? Warum diese Anziehung, die in solcher Form nicht von anderen Körperstellen ausgeht? Eine erste Vermutung legt nahe, dass im Gesicht der Mensch mit Leib und Seele in einer zentralen Chiffre versammelt ist. Die Lesbarkeit dieses Zeichen-Organs ist gegeben, sie wird in allen Akten der Kommunikation vorausgesetzt, öffnet sich aber nicht automatisch, sondern nur der ausdrücklichen Mühe der Entzifferung. In der philosophischen Erkundung[37] werden einige Hauptmerkmale des Gesichts genannt, in denen die Struktur fassbar wird. Die spezifische Leistung des Geistes besteht in der Kraft, die verstreute Vielheit der Welt-Elemente in sich zu einer Einheit zu formen. „Innerhalb des menschlichen Körpers besitzt das Gesicht das äußerste Maß dieser inneren Einheit."[38] Das dürfte eine erste Antwort sein auf die Frage nach der Attraktion des Gesichts. An dieser Zeichenwand pulsiert die Energie in der polaren Spannung, der alles unterworfen ist, was die Welt in und um den Menschen ausmacht. Auf engem Raum, in sehr begrenzter Bewegbarkeit der Teile geschieht, was die buntesten Vorgänge des Lebens spiegelt, wiedergibt, kommentiert, enthüllt und versteckt. Im Focus des Gesichts brennt nicht nur der Zauber einer dinglichen Einmaligkeit, die das Unikat aussondert, dieses so und nicht anders herstellt. Im Gesicht erscheint das Gebilde *Mensch* in seiner besonderen Form. Immer wenn ich *du* sage, springt das Gesicht vor meine Augen, bin ich nicht frei, irgendein anderes Gebilde mir vorzustellen, alle personalen Pronomina rufen das Gesicht auf. In der engen Verbindung des Du-Wortes mit dem Gesicht zeigt sich die unverwechselbare menschliche Qualität, die mit den Begriffen *Individuum* und *Person* beschrieben wird. Die christliche Theologie hat an dieser Stelle mit besonderer Betonung darauf bestanden, dass damit keine zufällige Beiläufigkeit gemeint ist. Die personale Einzigkeit ist ein Geschenk Gottes und stellt ihn dar, die höchste aus dem Gesicht blickende Wirklichkeit. So Nikolaus Cusanus: „Da das Einzelne von der ewigen Ursache zum Einzelnen gemacht ist, kann es niemals in ein Nicht-Einzelnes aufgelöst werden ... es erfreut sich also jedwedes seiner Einzigkeit (singularitas), die so groß ist in ihm, dass es sich nicht vervielfachen lässt, wie auch weder in Gott noch in der Welt noch bei den Engeln. Darin erfreuen sich eben alle einer Teilhabe an der Ähnlichkeit mit Gott."[39] Das Gesicht ist das leibliche Signal der Individualität, nicht nur in der weltlichen Zeit, sondern auch für den kommenden Äon des Reiches. Der Einschlag des Todes trifft besonders markant das Gesicht. Es zerfällt im Grab, verglüht im Feuer des Krematoriums, und in der Löschung verschwindet das stärkste Zeichen der personalen Gegenwart. Nichts von allen übrig bleibenden Dingen eines Verstorbenen wird mehr die intensive Leuchtkraft haben wie das lebende Gesicht. Trotzdem oder besser eben deshalb setzt sogleich die Mühe ein, es nicht zu verlieren, es wiederzugewinnen, es aufzubewahren, gegen den Verfall in der Zeit zu immunisieren. Das ägyptische Vorbild wirkt bis heute nach, nichts wird lieber gefunden als eine Mumie, keine Leiche älteren Datums ist vor der Spachtel der Archäologen sicher, das Museum greift nach allem, besonders gern nach dem Gesicht. Aber gibt es das, ein Gesichtermuseum? Wie kann das Gesicht aufbewahrt werden? Eine Reihe von Techniken steht zur Verfügung, das Foto, die Zeichnung, Malerei, Plastik, Mumie. Das sind aber lauter leblose Formen, aus denen das substanzielle Licht verschwunden ist. Es gibt kein Museum für den lebendigen Augenblick, nur Sammlungen von Abbildern, vergleichbar den Schatten in der hebräischen Scheol, im griechischen Hades. Das Depot der Totenschädel bewahrt kein Gesicht, sondern die Knochenspur des Kopfgebeins. Die anthropologische Analyse verrichtet ihre Messungen und Rekonstruktionen, zieht ihre Schlüsse. Je mehr Daten sie dem Schädel abgewinnt, je wichtiger das Objekt wird für die Kenntnis des menschlichen Weges auf dem Planeten Erde, umso schärfer ist die Grenze der Arbeit an der Gesichtsspur zu spüren, die regungslose Stummheit des Gegenstandes. Es rührt sich nichts zwischen Stirn und Mund. Nur ein lebendig bewegtes Gesicht ist ein Gesicht. „Im musealen Triebe offenbart sich die Todesseite unserer Wissenschaft – ein Hang, das Leben in das Ruhende und Unverletzliche einzubetten, und vielleicht auch der, einen ungeheuren und peinlich geordneten materiellen Katalog zu entwerfen, der ein getreues Abbild unseres Lebens und seiner entferntesten Regungen hinterlässt."[40] Die Häufung der leblosen Zeugnisse für das Leben erzeugt kein Leben, aber sie zeigt, wie sehr das Leben in seinen konkretesten Gesichtszügen gesucht wird, und sie lädt ein zu einer Ahnung, dass das Mienenspiel des irdischen Gesichtes ein Versprechen ist, das einmal eingelöst wird – nicht hier auf Erden, nicht in der Zeit, wohl aber im Land des Lebens. Das Gesicht, sagt Paulus, wird der Ort sein, an dem sich die nahe Bekanntschaft Gottes und des Menschen ereignet, wenn geschaut wird „von Angesicht zu Angesicht". (1 Kor 13, 12)

3

Schon meldet sich ein Zweifel. Sind wir mit dem Stichwort *Gesichter* vielleicht etwas naiv in eine Falle geraten, weil doch im Neuen Testament von der wichtigsten Person, die dort auftritt, von Jesus, nichts Gesichthaftes, wohl aber viel wörtliche Rede überliefert ist? Daher sollten wir uns darüber verständigen, was mit *Gesicht* gemeint ist. Die Randstellung der Ohren hat dazu geführt, dass sie eher als Gesichtsgrenze denn als Gesichtsinhalt gelten. Das komplexe Feld des Gesichts wird vereinfachend abgeteilt, die Ohren werden nicht mehr dazugezählt. Aber nicht nur die Region der Augen, Nase, Wangen und Mund, sondern auch die Ohren gehören in den Bereich. Die Augen-Ohren-Ebene hat in der kulturellen wie in der religiösen Entwicklung eine große, spannungsreiche Rolle gespielt. Wir haben uns daran zu erinnern, dass die menschlichen Sinnesorgane nicht alle im gleichen Maß und gleichzeitig aktiviert wurden, dass es zeitlich und sachlich verschiedene Einsätze gibt, die bis heute die varianten Formen des Lebens bestimmen, Augen-Kulturen oder Ohren-Kulturen, mehr am Bild oder mehr am Wort orientiertes Verhalten und Gestalten. Läuft die Offenbarung über das Auge oder über das Ohr, oder benützt sie beide Organe, gleichzeitig oder in Reihenfolge? Die Erscheinung Gottes im Alten wie im Neuen Testament liefert keineswegs ein vollständiges Mitteilungsprogramm, das von der ersten Stunde an in allen Inhalten, Perspektiven und Akzenten vollständig da ist. Es nimmt sich eher aus wie ein Stoß in das Bewusstsein, in zeitlicher Erstreckung verlaufend, neue Wahrheiten hervorrufend, Horizonte sprengend, Möglichkeiten öffnend. Aus den Texten des Neuen Testamentes ist zu entnehmen, dass der starke gesichtsbildende Ausdruck in der ersten Phase vor allem im Wort, am Ohr geschah, weil der Glaube, wie Paulus sagt, durch das Hören kommt. (Röm 10, 17) Dieser markante Einschlag hat erst später das Werden der Gesichtsbilder nach sich gezogen. Die Augen hatten erst nach den Ohren ihren großen historischen Einsatz. Daher brauchen wir keine Zeit darauf zu verwenden, ausführliche Erklärungen oder Verteidigungen für die eine und die andere Wahl zu liefern. Wir gehen aus von der Normalität solcher perspektivischen Ungleichzeitigkeit und sprechen vom Augen- und Ohrengesicht.[41]

4

In den vielen Gängen der Tradition wird nicht nur von der Freude sondern auch vom Zweifel an der Individualität und von ihrer Last erzählt. Neben das Pathos der Unverwechselbarkeit tritt immer wieder laut geäußert das Unbehagen am Individuum: dass ich in dieser Haut stecke. Es ist zu eng in der fest umschriebenen Einzelheit Ich. Zwar ist dieses Individuum aufgerissen in die Aussicht, die nach allen Seiten zieht und über den Horizont springt. Aber es langt nicht hin. Die Reichweite der Aktionen ist gering und hinkt hinter den Augen her. Individuell bin ich für immer festgemacht im eingezäunten Bereich meiner Möglichkeiten.

Und das Gesicht, dem ich täglich beim Rasieren begegne, wird zum Dokument dieser Ausweglosigkeit. Das Individuum ist verbunden mit dem Vorgang des Unterscheidens, durch den es von allem anderen weggeteilt wird. Es gerät für das Gefühl in eine inselhafte Einsamkeit, die noch in der philosophischen Definition anklingt, in der es heißt: individuum est indivisum in se et divisum a quolibet alio, auf deutsch: Das Individuum ist ungeteilt in sich und abgesondert von allem anderen. Als Individuum werde ich nie dort sein, wo die anderen sind, wo das Andere ist. Das scheint in manchen Lebenslagen ein Malstrom zu werden, eine Art wirbelnder Sog, um den sich Spiritualitäten recht verschiedener Herkunft ansiedeln. Alle sind sie getrieben vom Schmerz der Differenz, die sie hauptsächlich als das große Wehtuende empfinden. Sie scheint geradezu der Sündenfall zu sein, in dem sich die menschliche Kreatur verloren hat, die katastrophale Fehlzündung, deren bannende Energie alle Auswege schwierig macht. In der Differenz der Dinge, zwischen dir und mir, zwischen Gott und Welt, Welt und Seele, zwischen Blume und Baum, ist immer der Spalt geöffnet, durch den sich das Nichts hereinzwängt, das Zwischen, die gefährliche Lockerung des Festen. Einen unmerklichen Augenblick lang, im Sprung zum anderen Sein, ist es, als wäre nichts, und an dieser Unterbrechung öffnet sich der Abgrund, in dem die Angst geboren wird. Der Sprachgestus in der mystischen Überlieferung macht das sehr deutlich. Ein erheblicher Teil der spekulativen Betrachtung ist der Absicht gewidmet, alles Unterschiedliche möglichst gering zu machen. Die Anstrengung erweckt den Eindruck, dass sie von einem Vergleich hervorgerufen ist, in dem die kleine Einzelheit des Individuums dem großen Ganzen, das Gott darstellt, gegenübergehalten wird. Darin zeigt sich ein Verhältnis, das unterschiedliche Wirkungen auf das Gemüt hat: die Wirkung der Angst, der Schuld und der Begierde. Die Angst als Ausdruck der unendlichen Übermacht, die Schuld als Gefühl des egoistischen Vorbehalts und die Begierde als Versuch, die Gleichheit mit Gott zu erreichen. Daher wird die eschatologische Aktion, das Geschehen der Endgültigkeit, mit der Aufgabe betraut, dem individuellen Vielerlei zu entkommen. Der mystische Missmut über alles Einzelne und Individuelle findet seine Erlösung in der Löschung der Gesichter.

Das menschliche Gesicht in Erinnerung zu rufen und ihm besonders in der Theologie der letzten Dinge einen angemessenen Platz einzuräumen, hat seine Aktualität. Nicht weil es leicht wäre, sich mit diesem Thema im ersten Rang der Gedankenarena zu platzieren, sondern weil es im Gegenteil eher in Gefahr ist, zu den Relikten einer erloschenen Aufmerksamkeit verräumt zu werden.

Der Glaube, dass die Auferstehung und mit ihr die Unsterblichkeit der individuellen Gestalt des Menschen zugesprochen ist, wird auf breiter Front in Zweifel gezogen oder bestritten. Sehr verschiedene Träger dieser Meinung bedienen sich der unterschiedlichsten Motive und Argumente. Das reicht von der

Politik bis zur Theologie, von rabiat profaner Philosophie bis zur Spiritualität der versunkenen Innigkeit.

Die fundamentale Annahme, von der diese Meinung ausgeht und alle Argumentation gesteuert wird, lautet: Das Ganze ist in seinem Wert und seinem Anspruch den Teilen gegenüber unbedingt überlegen. Das Individuum ist in diesem Sinn ein Teil, ein Einzelnes, und daher in jeder Hinsicht dem Ganzen unterworfen, sei dieses das Kollektiv, die Natur oder das Absolute.

Auf dem Individuum liegt die unbedingte Pflicht der Hingabe, die nicht in einem bloßen Gefühl der Bezüglichkeit bestehen kann, sondern allemal und grundsätzlich die existenzielle Enteignung, die Löschung des Selbstseins meint. Der individuelle Drang nach dem Selbstbehalt, nach der Dauer im Sein gerät damit unter den Verdacht des Egoismus, der naiven Verkrampfung in die Vorläufigkeit.

Die sprachliche Form, in der diese Sicht der Individualität präsentiert wird, kommt oft auf dem Pathos der Eigentlichkeit daher, in besonders auffallender Art geschieht das im Jargon der Überlegenheit, der in vielen Texten der mystischen Literatur zu hören ist.

Ich versuche, diesen abstrakten Überblick in gedrängter Dokumentation zu belegen.[42] Das Individuum hat sich in den wechselnden Stimmungen der Kulturen zu behaupten, die vor aller grundsätzlichen Stellungnahme die Existenz bestimmen. Es hat zu tun mit der alltäglichen, höchst anschaulichen Erfahrung, dass die einzelnen Gestalten, wie es selbst eine ist, aller Zufälligkeit ausgesetzt sind und dahinschwinden, während andere reale Größen es überdauern, wie zum Beispiel das Dorf, die Gemeinde, die Häuser, die Bäume, der Himmel, die Natur. Die Friedhöfe bestehen länger als die Lebenszeit der dort Begrabenen. Eine simple Unterscheidung stellt sich ein: auf der einen Seite das Bleibende, auf der anderen das Vergehende, und das Individuum wird zur zweiten Klasse gezählt. Dem personalen Einzelwesen wird nahegelegt, sich in der Flüchtigkeit einzurichten, mehr mit der Auslöschung als mit der Dauer zu rechnen. Die Stimme dieser Bescheidenheit ist überall zu hören, ein selbstverständliches Räsonieren an der schwachen Stelle des Lebens, aus der es kein Entrinnen zu geben scheint. Die Befindlichkeit ist verschwommen, lässt verschiedene Wertungen und Deutungen zu, aber sie trägt so oder so die ausdrücklichen Thesen und Postulate, steht jedenfalls immer zur Verfügung, wenn nach einer handfesten Evidenz gesucht wird.

Das Individuum als Opfer an das Kollektiv. „Das Volk ist alles, du bist nichts" konnte ich als Schüler immer wieder auf den Propagandaplakaten der Hitlerzeit lesen. Die Version „Die Partei ist alles, du bist (fast) nichts" hat sich als harmlosere Anwendung auch in demokratischen Systemen erhalten. Der Slogan verweist allemal auf eine Ideologie von maximaler Grundsätzlichkeit, nach der das Individuum in der Funktion einer sozialen Größe steht, zum Beispiel der Klasse. Der marxistische Philosoph Ernst Bloch hat in besonders konsequenter Weise das Martyrium des kommunistischen Aktivisten als die restlose Opferung des Individuums an die künftige Klasse der wahren Menschen gedeutet.[43] Unter dem Titel *der rote Held* wird dem individuellen Ich gepredigt, dass es sich nicht wichtig zu nehmen, sondern in das edle Projekt der Klasse aufzugeben hat. Die Überlegenheit des Konzepts wird mit großen Worten beschrieben. Die Härte der blanken Trostlosigkeit bedarf keiner Auferstehung, denn das feste Bekenntnis zur Sache enthält alles Nötige. Zugemutet wird das Alleinsein in der festen Gewissheit, bei der Verwirklichung der Klassenidee nicht anwesend zu sein, sie nicht selbst mitgenießen zu dürfen. Der rote Held fühlt sich eingeschreint im Herzen der Arbeiterklasse, er stirbt, als wäre die ganze Ewigkeit sein, er hat rechtzeitig aufgehört, sein Ich wichtig zu nehmen, das Personbewusstsein ist vollkommen und restlos übergeführt in das Klassenbewusstsein, sodass die Person sich selbst gleichgültig wird. Die kommunistische Sache selbst hält aufrecht, das ist die originale neue, wirksame Haltung gegen den Tod. Das Unsterbliche der Person ist das Unsterbliche ihrer besten Intentionen und Inhalte. Daher wird das Interesse an der Dauer des Individuums verurteilt als egoistisches Verfehlen des großen Anliegens durch „klebrig schäbiges Haftenwollen am kleinen Ich", durch die Wichtigtuerei der Seele.

Das Individuum als Opfer an die Gattung. Was der auserwählten Klasse gebührt, muss erst recht dem Ganzen der Menschengattung zugesprochen werden: dass der einzelne Mensch, das Individuum, in seiner versammelten Existenz dem größeren und eigentlichen Bestand der Menschen, also der Menschheit, geopfert wird. Die religionskritische Philosophie des 19. Jahrhunderts hat dazu die theoretischen Sätze zu formulieren versucht. Ludwig Feuerbach und Friedrich Nietzsche zum Beispiel, deren Botschaft in vielen Abwandlungen bis in die Gegenwart weitergesagt wird. Die Hoffnung, dass die individuelle Seele das irdische Ende überdauern kann, entwertet die Lebensleistung und das Lebensglück auf der Erde. Sie ist im Grunde nichts anderes als ein Kompensationsgeschäft, in dem der gloriose Himmel für das Elend der Erde entschädigt. Der Unsterblichkeitswunsch ist schon unter diesem Gesichtspunkt stark egoistisch gefärbt, denn er fordert das Glück für ein teilweises, einzelnes, kleines Seiendes. Die Eigenschaft des Partiellen spielt in allen argumenthaften Versuchen eine Rolle. Dem teilweisen Geschöpf scheint nicht erlaubt zu sein, was dem Ganzen, dem Einen und Großen, zugestanden wird. Daher der wiederholte Vorwurf, hier sei die Ichsucht am Werk. „In der Natur ist alles wahr, ganz, ungeteilt, vollständig; die Natur ist nicht zwiespältig; sie lügt nicht, der Tod ist daher die ganze, die vollständige Auflösung deines ganzen und vollständigen Seins; es gibt nur einen Tod, der ganzer Tod ist, nicht etwas am Menschen abnagt, etwas übrig lässt. Ganzheit, Allheit, ist durchgängige Form und Charakter der Natur."[44] Dass aber das Interesse an der Unsterblichkeit in seinem Gehalt nichts anderes ist als purer Egoismus, zeigt sich an der Weigerung des Individuums, seine Existenz der Menschengattung zu opfern. Dieser Vorbehalt schädigt und gefährdet den Bestand der Menschheit. Denn, so Nietzsche, die Gattung besteht durch das fortwährende Menschenopfer.[45] Dieses Opfer besteht darin, dass sich der einzelne Mensch mit dem Stück des befristeten Daseins in der Welt begnügt, das ihm zugewiesen ist, und nicht darüber hinaus nach weiterer Dauer greift. Was die Menschheit in dieser Opferung empfängt, wird nicht klar gesagt; da ihr Bestand von diesem Opfer abhängt, scheint es sich um die irdische Lebensphase zu handeln. Ist es deren Fortschrittscharakter, der den Tod aller Individuen erzwingt? Aber kann dann eine Existenz in der überirdischen Phase im Weg sein? Worauf es so oder so ankommt, sagt die unmissverständliche Option: Selbstbesinnung, aufmerksame Erfassung des konkreten Daseins hat der reife Mensch nicht als Individuum, sondern als Menschheit zu leisten. Er soll sich der umgreifenden Ganzheit so bewusst werden, dass ihr auch allein alles Recht des Bestehens zugesprochen wird. Die gesamte gedankliche Aktion richtet sich gegen das Konzept der biblischen Offenbarung. Sie trägt die Hauptverantwortung für den Hochverrat an der Erde. Besonders angewidert gibt sich diese antiindividuelle Philosophie von der biblischen Zusage, dass nun alle ein Gesicht haben sollen, auch die Krüppel. Wenn Individuen, dann sorgfältig per Selektion ausgesuchte, in ihrer Funktion zeitlich streng bestimmte Individuen. Diese Auswahl wird einer Partei des Lebens zugewiesen, „welche die größte aller Aufgaben, die Höherzüchtung der Menschheit in die Hände nimmt, eingerechnet die schonungslose Vernichtung aller Entarteten und Parasitischen..."[46] Die negativ wertende Stimmung, unter die das Individuum durch diese gewaltsamen Thesen gerät, fördert eine Opferungsbereitschaft, ein heroisch gefärbtes Einverständnis, dem die Löschung der Einzelwesen zugunsten der fordernden Ganzheiten selbstverständlich geworden ist.

Das Individuum als Opfer an den Kosmos. Die alte stoische Philosophie hat die Frage, was der Mensch als einzelnes Lebewesen von der göttlichen Weltregierung zu erwarten habe, mit einer lakonischen Formel beantwortet: „Magna di curant, parva neglegunt." Die Götter kümmern sich demnach um die großen Dinge, die kleinen lassen sie außer Acht.[47] Die Unterscheidung von Hauptsache und Nebensache räumt den einzelnen Dingen in der Gesamtheit des Kosmos eine geringe Position ein. Die Gegenüberstellung des großen Ganzen und des kleinen Teilweisen gewinnt wie von selbst eine einleuchtende Kraft. Die Proportion sieht aus, als wäre sie ein angeborenes Muster der Anschauung, das sich überall leicht durchsetzt. Nicht wenige Äußerungen tonangebender Stimmen haben ihr Ansehen von dieser Selbstverständlichkeit. Wie zum Beispiel Albert Einstein seine Überzeugung beschreibt: „Einen Gott, der die Objekte seines Schaffens belohnt und bestraft, der überhaupt einen Willen hat nach der Art desjenigen, den wir an uns selbst erleben, kann ich mir nicht einbilden. Auch ein Individuum, das seinen körperlichen Tod überdauert, mag und kann ich mir nicht denken; mögen schwache Seelen aus Angst oder lächerlichem Egoismus solche Gedanken nähren. Mir genügt das Mysterium der Ewigkeit des Lebens und das Bewusstsein und die Ahnung von dem wunderbaren Bau des Seienden sowie das ergebene Streben nach dem Begreifen eines noch so winzigen Teiles der in der Natur sich manifestierenden Vernunft ... der wahre Wert eines Menschen ist in erster Linie dadurch bestimmt, in welchem Grad und in welchem Sinn er zur Befreiung vom Ich gelangt ist."[48] Die Ablehnung der individuellen Unsterblichkeit wird hergeleitet aus dem übermächtigen Eindruck der kosmischen Konstruktion. Vor ihr wird alles Bestehen auf eigener Dauer zur lächerlichen Selbstbefangenheit. Die Unfähigkeit, den Unterschied der kleinen Individualität zum großen System der Natur auszuhalten, verwandelt sich in die Angst und treibt solche Wünsche hervor. Einstein begnügt sich mit dieser moralisierenden Abwertung. In der spekulativen Prozesstheologie Alfred North Whiteheads ist die kosmische Sicht in konsequenter Systematik ausgebaut worden, mit resoluter und spöttisch herabmachender Absage an die christliche Rede vom künftigen Leben der Auferweckten.[49] Diese Art der Argumentation ist beliebt, nicht nur bei Physikern, sondern auch bei klassischen Idealisten wie Friedrich Schiller.[50]

Das Individuum als Opfer an das Göttlich Absolute. Mit besonders bedrohlicher Härte dringt die religiöse

Idee des Einen auf das Individuum ein. Nirgendwo sonst gibt es so viele laut sprechende Gründe, die ihm den Boden entziehen. Das geschieht vor allem in manchen Strängen der mystischen Tradition. Ich versuche dies in halbwegs mystikfreier Sprache vorzustellen.

Erstens. Gott hat, wie er in vielen Texten auftritt, ein Raumproblem, es fällt ihm nicht leicht, sich unterzubringen. In der prägnanten Formulierung des Johannes Tauler, der einer der prominentesten Schüler des Meister Eckart war: „Soll Gott hinein (in die Seele), so muss notwendig die Kreatur heraus."[51] Die geistliche Rede arbeitet, wenn sie Gott nahebringen will, sehr massiv mit wegräumenden Imperativen. Die heilige Wirklichkeit, Gott genannt, ist als räumliche Größe gedacht, und es liegt in der Logik dieser Annahme, dass ihr Platz geschaffen werden muss. Wenn aber die Einübung in die Gegenwart Gottes mit einem Akt der Ausräumung aller Geschöpfe verbunden ist, geraten diese unter den Druck einer Verneinung. Der punktuelle Ort, auf dem die einzelnen Dinge da sind, kann nicht zugleich der Ort sein, an dem Gott anwest. Gerade an der intimsten Stelle der Existenz treten Gott und Kreatur auseinander. Wird die Einzelheit des Geschöpfes dieser Konkurrenz standhalten können?

Zweitens. Der Sog des Einen und Einzigen erfasst alles Viele und Mannigfaltige, eine verschlingende, vertreibende Tendenz drängt die unterschiedlichen Dinge an den Rand der Nichtigkeit. Die Grundstimmung im Hinblick auf die geschaffene Welt ist verdrießlich, es wäre wohl besser gewesen, nichts entstehen zu lassen, nach außen hin, im Nichtgöttlichen keine Produktion zu veranstalten. Die Freude über das Sein der Kreatur ist, wenn überhaupt zu spüren, viel geringer als die Sorge dafür, dass die gesamte Fracht der Schöpfung wieder heimgeschafft wird. Die Hast der Rückkehr in Gott erlaubt es den Geschöpfen nicht, in ihrem Sein freudig und genießend zu verweilen. Es scheint, als habe Gott die Welt nur hinausgeschubst, um sie sofort wieder einzuholen. Im selben Augenblick, in dem er die Geschöpfe auf die Füße stellt, zieht er ihnen den Boden darunter weg. Sie haben keine Zeit, zum Stehen zu kommen. Die Heimholung geschieht in der löschenden Reduzierung, durch die der eine Grund alles an sich zieht. Daher die Devise bei Eckart: „Absagen dem Personalen, absagen dem Eigenen. (abnegare personale, abnegare proprium)"[52] Die Absage wird in entschiedenen Schritten getan, zunächst in der fundamentalen Erkenntnis: „Alle Kreaturen sind ein reines Nichts. Ich sage nicht, dass sie geringwertig oder überhaupt etwas seien: sie sind ein reines Nichts."[53] Dann in der These, dass die Menschwerdung des Sohnes nicht in der Übernahme einer individuellen Menschennatur bestand, sondern nur das allgemeine, allen Menschen gemeinsame Wesen betraf.[54] Schließlich: In Gott selbst ist die Personalität etwas Vorläufiges, eine überschreitbare Schicht seines Seins. Das *Einige Eine* in ihm nimmt alles an sich, unterschiedslos, „denn dieses Einige Eine ist ohne Weise und ohne Eigenheit. Und drum: soll Gott je darein lugen, so muss es ihn alle seine göttlichen Namen kosten und seine personhafte Eigenheit;

das muss er allzumal draußen lassen, soll er je darein lugen. Vielmehr, so wie er einfaltiges Eins ist, ohne alle Weise und Eigenheit, so ist er weder Vater noch Sohn noch Heiliger Geist in diesem Sinne und ist doch ein Etwas, das weder dies noch das ist."[55] Dieser umrisslose Urgrund ist das Ziel, in dem alles gesichthafte Profil, alles Unterschiedliche vergehen, im unerkennbaren Einen verschwinden muss.

Drittens. Das treibende Motiv in dieser Operation, von dem schon die Rede war: die Angst vor dem Abstand. Und der Abstand ist ein Element der Mehrzahl. „Wo zwei sind, da ist Mangelhaftigkeit. Warum? – Weil das Eine nicht das Andere ist, denn dieses ‚Nicht', das da Unterschiedenheit schafft, das ist nichts anderes als Bitterkeit..."[56]

Viertens. Die unverwechselbare Prägung des Gesichts hat diese Bitterkeit deutlich an sich. Das Ärgerliche daran ist die höchst einzelne Drehung der Linie, der schärfste Ausdruck des einzelnen Seins, die Distanz schaffende Eigenheit. Das Gesicht ist eine unüberholbare Endstation, aller webenden Einung widerstehend. Ich habe jetzt hauptsächlich Eckart zitiert, er mag repräsentativ stehen für die vielen vom Gedanken des Absoluten her kommenden Abweisungen der gesichthaften Individualität. Die Bezauberung, die er noch immer ausübt, besteht aus vielen Elementen, die hier nicht auszubreiten sind. Sicher spielt eine Rolle die Tatsache, dass gerade im sogenannten mystischen Gefühl die Lust des Verschwindens und die Lust des Gottwerdens ineinanderschwingen. In vielen Texten der vulgären Spiritualität pulsiert außerdem die paradoxe Erwartung, es sei gerade an diesem Ort etwas zu erleben, zugleich „die gewaltige Sehnsucht nach dem Zerfließen"[57] und deren Erfüllung, zugleich auch die Müdigkeit am Sein samt deren sanfter Aufhebung, alles in allem die Ballung der Empfindungen, die hüben und drüben möglich sind.

Nach dieser Ausbreitung der Gesichtspunkte ist es an der Zeit, von dem zu reden, was für die Gesichter spricht.

Hans Jonas wirbt in seiner Rede für den *Segen der Sterblichkeit*[58], Ernst Bloch lobt den Einsatz des kommunistischen Helden, beide meinen, es sei etwas Gutes am Sterben des Menschen. Das christliche Evangelium legt dazu eine Antwort nahe, die das Argument weiterträgt. Man muss vom Segen der Sterblichkeit *und* vom Segen der Auferstehung sprechen. Denn es ist nicht zu bestreiten, der reife Mensch kann heute oder morgen gelassen und selbstlos sterben, indem er sich bescheiden dem Gesetz der Natur unterwirft und im Lebensprozess rechtzeitig für andere individuelle Existenzen Platz macht. Das wird im biblischen Unsterblichkeitskerygma nicht verneint. Aber niemand, weder der rote Heros noch der Samariter oder der Weise, hat sich selbst so in der Hand, dass er nach allen Richtungen über seine Existenz verfügen kann. Sein Tod und der Tod aller von ihm beschenkten Menschen der kommenden Generation ist damit nicht erledigt, sondern bleibt die große, offene Option: Soll es bei diesem rollenden Prozess des Kommens und Gehens sein

Bewenden haben, oder kann einmal der Augenblick des Bleibens hereinbrechen, in dem der Prozess in eine neue Zukunft hinüberspringt? Eine Zukunft, in der die radikale Verwandlung so real geschieht, dass niemand mehr verzehrt und verdrängt werden muss? Wenn vom rechtzeitigen Platzmachen gesprochen wird, können recht simple Fragen gestellt werden: Was hat eine EDV-Expertin im Jahr 2577 davon, dass ich nicht nur in dem genannten Naturprozess sterbe, sondern überhaupt aus der Wirklichkeit verschwinde? Ich habe ihr Platz gemacht, ich beenge sie nicht; sie kann also für ihre weltliche Existenz keinen Schaden haben, wenn Gott mich in sein Reich aufnimmt, in die Welt der neuen Schöpfung. Sie kann erst recht keinen Schaden haben für den Fall, dass Gott uns beide heimbringt und wir Platz finden in der kommenden Welt. Das alte Argument, dass die Zukunft von der Gegenwart ablenkt und es deshalb keine Hoffnungslehre geben kann, wird durch die rituelle Wiederholung nicht stärker. Die Hoffnung ist das bewegendste Zeugnis für die Gegenwart, weil ich jetzt diesen Menschen mit ganzer Kraft erkennen, annehmen und wahrhaben will, also lieb haben, darum räume ich ihm eo ipso und mit Notwendigkeit Zukunft ein. Und was ist es mit der großartig klingenden Redensart, die Kostbarkeit der individuellen Existenz komme her vom Wissen um deren zeitliche Begrenzung?[59] Der Apfel schmeckt doch, weil er süß ist und frisch, nicht, weil er nur für zehn Bissen reicht. Die Kostbarkeit, meine ich, kommt vom Inhalt des Lebens, nicht von der Zeitlichkeit. Das Wissen um diese hat der Mensch auf seine Weise, gewiss, aber es zwingt ihn nicht zum Verzicht auf eine todüberschreitende Zukunft, sondern animiert ihn zur Hoffnung. Der Gedenkstein, den ich weder in Salzburg noch in einer anderen Stadt finden werde, ist eine Stele mit der Inschrift *Dem Unbekannten Dienstmädchen*. Es kann leicht sein, dass dieser Gedanke einer sentimentalen Wallung zugeschrieben wird, aber es ist nicht schwer, der Unterstellung durch sachliche Aufmerksamkeit zu entgehen. Warum denn wäre es gut, wenn ein solcher Stein entdeckt würde, was gäbe er zu denken? Inmitten einer Stadt von dieser Anhäufung kultureller Bedeutsamkeiten, großer Namen, Bilder, Musikalien und schöner Häuser gibt es Aufmerksamkeitslücken. Die Menge des Geschichtszeuges garantiert keineswegs, dass alles präsent ist, was einmal Menschengeschichte gemacht hat. Sie zeigt vielmehr die partielle Aufbewahrung der Gesichter. Selbst wenn alles vollständig vorhanden wäre, bliebe immer noch die Frage nach der Präsenz offen. Die Kapazität des Gedächtnisses, seine Kraft, die Gesichter und Namen zu behalten, ist von deren Masse grob überfordert. Die unüberblickbare, nicht fassbare Menge der Ereignisse und in sie verstreut die Individuen, die Vielfalt dessen, was wir mit dem leicht gesagten Wort *Menschheit* bezeichnen, türmt sich auf und ist zu groß. Ein solches Denkmal aber spräche wenigstens davon, wäre ein Signal des Wissens um das verborgene Ausmaß der Geschichte, stünde nicht nur da, um für vergessene Teile der Erdbevölkerung zu zeugen, es wäre auch ein Zeichen gegen die selektive

Tendenz der Erinnerung, gegen die Allgemeinheit der Sprache, ein Monument, das auf die nicht vermengbare Einzelheit zielt und alle Schemata der Geltung durchbricht.

Immer wieder meldet sich der wühlende Gedanke: Wenn Gott keine individuelle Unsterblichkeit schenkt, ist es gleichgültig, ob es ihn gibt oder nicht, es ist sogar besser, dass er dann nicht existiert. Wie soll es denn möglich sein, den Gauben an Gott in diesem Fall als eine ernsthafte Alternative zum Nihilismus zu sehen? Wem leuchtet es ein, dass ein allmächtiger Gott Lebewesen ins Dasein ruft, sie mit Bewusstsein ausstattet, auf die Sinn-Route setzt, nach dem Zusammenhang des Ganzen neugierig macht, sie ein Leben lang sich abmühen lässt, ihr Gesicht reifen in den Wechselfällen des Lebens, um sie dann dem restlosen Verschwinden auszuliefern, ihr Mienenspiel zu löschen? Eine Gottheit dieses Charakters überantwortet ihre Geschöpfe dem absoluten Frust. Das durstige Absolutum, dem sich die personalen Einzelwesen zu opfern hätten, indem sie sich aufsaugen lassen, um den göttlichen Appetit zu füttern, ist kein harmloses Gespenst. Oft genug tritt es auf in sehr realen Aktionen und Maskeraden. Im totalitären System der Politik, im Kult der kosmischen Ganzheiten, in der rauschhaften Einheitsmystik. Gedanken reichen nicht aus, um sich gegen den Griff der numinosen Gewalten zu wehren, es bedarf immer wieder des leiblich existenziellen Einsatzes. Aber es ist auch nicht überflüssig, dem angeblichen Tiefsinn nachzuspüren, um dessen religiöse Brauchbarkeit zu erkennen. Kein Murmeln und kein Raunen kann den klärenden Blick ersetzen. Paulus lädt dazu ein: „Prüft alles und behaltet das Rechte." (1Th 5, 21) Der biblische Gott ist nicht hungrig, er ist auch nicht satt, weil er gemästet worden wäre, der neidlose Reichtum des Heiligen macht ihn frei, dem endlichen Geschöpf das eigene Sein zu gönnen. Der Freund des Lebens (Weisheit 11, 26) freut sich an der Zweiheit.

Der Gedanke, dass alles Geschehen in der Welt schließlich in das Gedächtnis Gottes eingespeist wird, will mir nur halb gefallen. Denn es ist gewiss nicht nur trost-, sondern auch sinnvoll, dass die verantwortliche Macht sich alles merkt, was durch sie in Gang gekommen ist. Aber kann das genug sein? Dass alles im Speicher Gott landet, um dort notiert zu werden? Könnte dieser Zustand, der sehr viel Ähnlichkeit hat mit den irdischen Museen, ewiges Leben heißen? Im Beispiel gesprochen: Da ist ein Menschenpaar, Frau und Mann in Liebe verbunden, es denkt an die möglichen Kinder, malt sich diese aus, zeichnet träumend deren Gesichter und Lebensläufe, und hingerissen von diesen Figuren, die sich in ihren Phantasien bewegen, bleiben sie auch dabei, bei diesem Spiel der Ideen, ihre Kinder sind Gedankenkinder. Damit aus ihnen Lebenskinder würden, müssten einige Akte gesetzt werden, das Paar müsste sich umarmen, sich befruchten, das Kind zeugen, tragen und entbinden, säugen und aufziehen. Aber das tun die Liebenden nicht, den Sprung vom Denken zum Zeugen unterlassen sie. So könnte Gott ebenfalls verfahren, sich die Welt mit allem Drum und Dran denken und es dabei genug sein lassen. Dann wäre die Welt nie geworden, was und wie sie ist, sie bliebe ein Gedankending Gottes. Dieses Modell könnte auch angewendet werden auf das ewige Leben. Die Menschen stürben hinein in das Gedächtnis Gottes, der sie erinnernd aufbewahrt, als Bilder des Gewesenen, ohne ihnen den Schritt in neue Wirklichkeit zu gestatten. Wenn Gott den zu ihm hinsterbenden Menschen nur im Gedächtnis behält, ohne ihm Dasein zu geben, dann ist das keinesfalls die Zukunft, die dem irdischen Leben entspricht. Es wäre nicht Leben, nicht Licht, nicht Liebe. Das Evangelium spricht nicht von einem Gott, der mit seiner Ideenwelt spielt und sich im Reichtum seiner Bilder wohlfühlt, nicht von einem zurückhaltenden Gott oder gar von einem neidischen, der nur sich selbst das Glück des Seins gönnt. Es erzählt von dem Gott, der auf das Ganze geht, *das, was nicht ist, ins Dasein ruft*, den Sprung tut vom Träumer zum Schaffenden. Und es ist erfüllt von der Gewissheit, dass der rufende Gott den Ruf nicht abbricht. Ich lasse mich lieber auf dieses Vertrauen ein als auf die mystische Spekulation, die immer wieder hinter den rufenden Gott zurücksucht, einen ursprünglicheren Grund in ihm finden will, vor aller Regung, die Dinge aus ihm selbst entspringen zu lassen. Denn es gibt wohl nichts Tieferes als diese konkrete Anwendung der göttlichen Macht. Mephisto deklamiert dagegen in Goethes Faust: „... denn alles was entsteht ist wert, dass es zugrunde geht. Drum besser wärs, dass nichts entstünde."[60] Der Teufel spricht wie einer der geistlichen Meister, die um das Eine und Einzige besorgt sind und in vielen Trachten auftreten. Sie hätten es im Grunde viel lieber, Gott wäre mit dem ganzen Schöpfungskram daheim geblieben, im Dunkel des Mysteriums bei sich versammelt, untätig, und nur sie, da es doch einen Zeugen dafür geben muss, wären dabei gewesen. Nicht *Gott im Kommen*, sondern Gott am absoluten Ruhepunkt vor aller Zweiheit wäre das Objekt der Andacht. Jesus vollzöge in dieser Sicht das Programm der Repatriierung, er re-duzierte das Vielerlei der Welt. Darum bestünde alle Eschatologie in der drängenden Rede von der Zurücknahme, der Zukunftsvermeidung, der Erlangung der anfänglichen Ruhe des Einen. Der Vers des Teufels muss umgedreht werden, um der Logik der Schöpfung zu entsprechen: *Alles, was da wird, ist wert, dass es besteht, ja erst recht besteht.* Ist es wirklich nötig, dem flüchtigen Menschenwesen, dessen Tage sind wie das Gras, dauernd die Vergänglichkeit zu predigen? Sie holt ihn jeden Augenblick ein, alle Tage kommt sie deutlich genug ins Bewusstsein. Besser wäre der Zuspruch des Lebens und die mutige Sorgfalt, Akte des Bestehens zu fördern. Die christliche Hoffnungslehre hätte davon zu reden, dass die Zukunft, in die wir uns bewegen, den Gewinn eines unendlichen Mehrwertes bringt, die Freude am wachsenden Leben, das Verstehen der Wege Gottes, das Verkosten der Dinge. Im gesamten Vorgang der Vergewisserung, in dem sich der Mensch in seiner Welt zurechtzufinden sucht, geht es um eine simple Entscheidung: Ob man es gut findet, dass etwas geworden ist, oder nicht, ob der Weltprozess als rückgängig oder als vorlaufend angesehen wird.

Was ist an dem Wunsch, zu dauern, a-moralisch? Kindlich, egoistisch, unreif oder feige, wie das religionskritische Urteil lautet? Dauer ist nach Nietzsche auf Erden ein Wert ersten Ranges.[61] Nichts gönnen, schenken, bewirken und wünschen wir lieber. In jedem Grußwort an andere schwingt es mit, dass das Gesagte Bestand haben möge. Die Dauer spielt in der menschlichen Arbeit an der Welt eine große Rolle: Häuser bauen, Recht schaffen, Gesundheit pflegen, Gedächtnis stiften, Wissen sichern – alles heißt dauerhaft machen, den Bestand festigen. Die Mühe, die man sich mit allem Aufwand macht, Leben zu erhalten, auch für einen Fetzen Leben noch alles in Bewegung zu setzen – das soll ausgerechnet nicht gelten für den Gang über die Lebensgrenze? Nicht gerade dann sollte diese Bemühung erst recht mit neuem Schwung anfangen? Und es auch *dürfen?* Die Rhetorik der Frage wird verstärkt durch die Erfahrung, dass die Liebe auch in ihren flüchtigen Formen die Zusage der Dauer an das Individuum enthält. Sie ist getragen von der Überzeugung, dass die geliebte Person es wert ist, da zu sein, über alle Grenzen hinaus. Niemand wird einem Liebenden einreden können, diese Zusage der Zukunft entwerte die Gegenwart. Allemal wird die Antwort lauten: Ganz im Gegenteil, umgekehrt läuft der Schluss. Weil ich von der Gegenwart erfüllt bin und groß denke, ihren Wert und ihre Aktualität mit allen Sensoren spüre, bin ich bewegt, an die Zukunft zu denken, sie zu wünschen und mich auch in meinem Handeln auf sie zu beziehen. Es ist nicht möglich, diesen Bezug zur Zukunft in der Liebe einfach zu unterlassen, ohne sie zu schädigen. Mit anderen Worten gesagt: Wie sollte es leichthin geschehen können, in das geliebte Gesicht zu blicken und es gleichzeitig fahren zu lassen? Nicht nur es leiden, dass es für den Augenblick entzogen wird, sondern das Gesicht direkt weggeben irgendwo hinein in eine gleichgültige Entfernung, in ein vernichtendes Geschehen? Im Blick der Liebe ist die Option enthalten, dass das Gesicht bleibt, durch alle Verwandlungen hindurch erkennbar es selbst. Und zum Egoismus: Ich kann nur für andere sein, wenn ich für mich bin. Was ich mir wünsche, wünsche ich allen, mit Gott den Sprung über die Mauer zu tun, ohne Angst, im Himmel jemand zu verdrängen, jemand etwas wegzunehmen, das allgemeine Wohl zu beschädigen, im großen Gefühl der Berechtigung, die mir die Liebe erteilt und mich mit allen anderen verbindet. Außerdem gibt es einen Selbstlosigkeitsmoralismus, der es nicht verdient, dass sich durch ihn das redliche Verlangen nach dem Miteinandersein einschüchtern lässt.

Ein Gesicht zu haben fordert Mut. Mit dieser unbedeckten Haut, die so vielfältig gestaltet ist, vor die Welt treten, ausgesetzt sein, sichtbar, das Objekt anderer Augen, gegenübergestellt, wehrlos, nackt und maskenhaft, zerfallend und gefasst, verlierbar und wert, es zu bewahren. Das Gesicht spricht wie nichts sonst am menschlichen Leib von der Zumutung des individuellen Seins. Es zeigt nicht auf eine kleine Beiläufigkeit, die im Akt der Schöpfung zufällig eingetreten wäre und ebenso gut hätte ausbleiben können. Das Gesicht ist das Bild der göttlichen Absicht, ein geschöpfliches Du hervorzurufen und mit diesem Du umzugehen. Davon reden und ernsthafte Gedanken dafür aufwenden bedeutet, sich einer fordernden Sache aussetzen, erkennen, dass es um das Leben geht, ob es brennt oder verglüht, ob es der möglichen Freude gerecht wird oder im Nebel vergeht. Sören Kierkegaard hat das in seiner Sprache zu sagen gewusst, der auch heute theologisches Gehör zu wünschen ist: „Ich werde mir zugleich meiner ewigen Gültigkeit bewusst in meiner sozusagen göttlichen Notwendigkeit und meiner zufälligen Endlichkeit… Und diese letzte Seite soll nicht übersprungen und nicht verschmäht werden, sondern das wahre Leben des Einzelmenschen ist dessen Verklärung, die nicht darin besteht, dass das leere, inhaltslose Ich sich gleichsam aus dieser Endlichkeit wegschleicht, um sich zu verflüchtigen und auf seiner himmlischen Auswanderung zu verdunsten, sondern darin, dass das Göttliche die Endlichkeit bewohnt und sich in sie hineinfindet."[62] Dass Gott hineinfindet in die enge Endlichkeit, weil er hineinsucht, das macht den Himmel aus, in seiner ganzen Öffnung, sodass gerade die Winzigkeit des Individuums nicht zu klein ist, um davon erfüllt zu werden.

„Denn ohne Widerschein auf einem Menschenangesicht bin ich nicht stark genug zu sein."[63] Anton Wildgans hat in diesem Vers jenen Nerv berührt, in dem die menschliche Zusammengehörigkeit im Gelingen wie im Danebengehen elementar zu spüren ist. Sofort kommt denn auch die Frage, ob das für den Himmel ebenfalls gilt, und ob für den Widerschein irgendwie gesorgt ist? Oder ist damit zu rechnen, dass die hereinbrechende Nähe der göttlichen Lebensmacht alles andere Interesse löscht, die geschöpflichen Wesen zwar sein lässt, aber so überwältigend zudeckt, dass sie einander nicht wahrzunehmen vermögen, weil Gott der wäre, neben dem man auf nichts anderes Lust haben kann? Wer die Tradition befragt, erfährt gewiss zuerst, als die unübergehbare Hauptsache, dass Gott sich zu erkennen, zu erfahren, zu spüren und zu lieben gibt, innen und außen das überfließende Licht des Lebens, die alles tragende und durchwohnende Wirklichkeit. Aber das göttliche Licht ist nicht nur die scheinende Macht, sondern auch die zeigende, die den Reichtum der Schöpfung hervorkommen lässt. Wenn gesagt wird, im ewigen Leben werde der Mensch erst wirklich gottfähig gemacht, ist hinzuzufügen: er wird auch welt- und menschenfähig, dass die Menschwerdung zum Ziel kommt, ihre finale Wirkung erreicht. Die christliche Hoffnung beharrt von Anfang an darauf, dass das kommende Leben sich in *kommunikativer Bekanntschaft* entfalten wird. Über den tödlichen Abbruch hinweg bleibt es dabei: Es wird in aller Verwandlung ein Erkennen sein. Der Weg führt nicht in die Fremde, denn die Gesichter, in denen einmal das Leben geleuchtet hat, werden nicht vergessen, ihre Sprache wird aufgenommen und aufgehoben in das ewige Lebenslicht. Wie weit an dieser Stelle die Vorstellung gehen, wie anschaulich das Kommende beschrieben werden darf, wollen wir nicht pedantisch vermessen. Die Antworten dazu lauten sehr unterschiedlich, und unterschiedlicher noch als die Rede fällt aus, was die Phantasie faktisch tut, in Träumen, Einfällen, Wünschen, Forderungen. Die Theologen sind durch die Aufklärung noch vorsichtiger geworden, als sie es schon lange waren. Sie achten darauf, dass sie ja nicht zuviel behaupten, nicht Versprechen abgeben, die später eingeklagt werden könnten. Sie fürchten, so scheint es manchmal, die Jenseitsblamage. Ich will nichts bestreiten, was an vernünftigen Regeln der Sprache Geltung hat. Man braucht aber auch nicht in den Ton der Entschuldigung zu fallen, wie es die Fachleute gern tun, wenn sie der konkreten Rede über die Welt Gottes nicht ausweichen können. Wir reden guten Mutes, so wie die zeitliche Form der Sprache es möglich macht und das Muster der Offenbarung uns anleitet, ohne Klage und lamentierendes Wesen, ohne zu große Empfindlichkeit auch für den Fall, dass sich die Wissbegier nicht immer bremsen lässt. Und übrigens: Wenn der Grundton des Evangeliums so auf der Intensität und der Fülle und liebevollen Bewahrung des Lebens liegt, was schadet dann diese oder jene Übertreibung? Kann es überhaupt Übertreibungen geben? Und wie werden sie gemessen? So wird es nicht allzu schwer sein, die lockeren Selbstgespräche zu dulden, die sich in der wachsenden Nähe der letzten Dinge aufdrängen.

Zum Beispiel: Da ich nun bald dort sein werde, dringt immer öfter ein phantastischer Gedanke auf mich ein. Du wirst bald mit Cicero und Origenes bekannt werden und dich unterhalten können. Was wirst du sagen? Kann man suchen oder wird man den Begegnungen ausgesetzt? Es kommt die Chance auf mich zu, mit Paulus zu reden, mit allen großen und kleinen Gestalten der Menschenzeit. Die angesammelte Macht der Geschichte erhebt sich vor mir. Dafür habe ich doch gar nicht den Atem. Und ich bin nervös, als würde ich eben zum Papst vorgelassen.

Oder stell dir vor, was auf dich zukommt, die Massenhaftigkeit der Menschenindividuen, die unzähligen, die nun alle deine Nächsten sein wollen. Wie kann die Wucht dieser Menge in die freie Möglichkeit des Gesichtes umgesetzt werden? Versuche dich darauf vorzubereiten im Gedränge einer Fußballarena, durch einen Gang über den Petersfriedhof, lies die Namen und die Titel auf den Grabschildern. *Zäzilia Kranzelmeier. Gendarmeriemajorswitwe.* Zum Lachen vielleicht und unterhaltsam, aber gar so arg dumm ist das nicht, noch in dieser Lage halten die Toten fest an ihrer Individualität. Zähle sie nicht, vermenge sie nicht, geh Schritt für Schritt von Gesicht zu Gesicht und bleib vor jedem stehen. Du wirst bald merken, dass du einen gewaltigen Engel brauchst, um mit diesem Andrang zurechtzukommen. Mit so vielen Einmaligkeiten. Du wirst mitten im Himmel anfangen, dich nach Nummern und Schablonen zu sehnen, nach der leicht konsumierbaren Portion Mensch. Mit simplen Dehnungsübungen wird deiner Seele nicht geholfen sein, du wirst ein qualitativ gesteigertes Sensorium nötig haben. Du wirst sehr hilflos sein, wenn nicht das Gesicht Gottes in dein Gesicht fahren und dir neue Augen graben wird.

Immer wieder kommt die Frage, ob ich mir für das kommende Sein etwas vornehmen soll, wie der Vorsatz aussehen könnte. Und ich weiß auch, was ich sicher tun werde, wenn immer die Voraussetzungen dafür gegeben sind, Handlungsmöglichkeiten, freie Bewegung und begehbare Sphären, ich werde sie suchen, die Gesichter meiner Leute zuallererst. Sollte denn die Nähe Gottes nicht eben für diese Suche das Licht leuchten lassen? Dass diese Wahrheit ganz heraustreten kann ins Offene, dass alles Pflichtgemäße an der Liebe zum Fest der Lust und der Freude wird? Ich spüre jetzt die Unerträglichkeit des Gedankens, ich könnte an den geliebten Gesichtern vorbei selig sein wollen. Ich muss dahin, an diesen verlorenen Ort, vor diese Augen. Wir haben noch nicht ausgeredet, es ist noch nicht genug gesehen, es bleibt noch der zeitlose Augenblick der Zuneigung. Wie viel Ungesagtes liegt mir noch auf der Zunge.

Oder: Ein Freund erklärt mir im Gespräch, er wolle noch gar nicht sterben, um direkter bei Gott zu sein und alles zu erfahren, auch jetzt sei er schon bei Gott und er habe Freude und Genuss daran, die Welt zu studieren, sich in der rätselhaften Vorläufigkeit umzutun. Dafür sollte, so seine entschiedene Meinung, überhaupt mehr Zeit als diese dürftigen achtzig Jahre eingeräumt sein. Könnte nicht die Möglichkeit bedacht werden, dass man sich beim Übertritt in die kommende Welt entscheiden kann, ob man diesen letzten Schritt tun will oder nicht, lieber noch bleiben, anders bleiben, freiwilliger erlöschen will? Warum, so der Freund, wird man fraglos in das Jenseits gezerrt? Warum die brutale Unausweichlichkeit, warum bei einem so guten Gott so viel Bestimmung? Er antwortet sich selbst mit der Vermutung, Gott sei wohl die Wirklichkeit, die es allein wert ist, schnell erreicht zu werden, unter allen Umständen, die Wirklichkeit, in der man unbedingt bleiben will, wenn sie einmal ihre Evidenz ausgeschüttet hat, die frei die Freiheit hinreißende Macht, dem Licht ähnlich. Man hält, wenn es stark scheint, die Hand vor das Auge, aber man geht daraus nicht weg. Mein Freund in seiner etwas rüden Sprache: Es ist ziemlich egal, auf welchen Wegen man in das Ziel der Liebe geführt wird, ob uns jemand streichelt oder ob wir an den Haaren hingeschleift werden. Die Hauptsache ist doch, man kommt dort an. Wer gelandet ist, dem sind die angewendeten Mittel gleichgültig geworden. Denn die Liebe macht es leicht, die Kosten ihrer Entstehung zu verkraften. Ob das genügt? Ich habe meinem Freund gesagt, dass seine Auskunft wahrscheinlich zu viel Plötzlichkeit enthält. Wenn die Leute wählen dürften zwischen einem Gott des Überfalls und einem Gott der pädagogischen Annäherung, würden sie sich allemal für den langsamen Gott entscheiden.

Das Gesicht erscheint im Neuen Testament immer wieder, nach der Art eines Blitzlichtes, an markanten

Stellen. Zum Beispiel in der Bergpredigt: „Selig, die ein reines Herz haben, denn sie werden Gott schauen." (Mt 5, 8; vgl. 13, 16)) Oder bei Paulus: „Jetzt schauen wir in einen Spiegel und sehen nur rätselhafte Umrisse, dann aber schauen wir von Angesicht zu Angesicht." (1Kor 13, 12) Oder im ersten Johannesbrief: „... was wir gehört haben, was wir mit unseren Augen gesehen, was wir geschaut und was unsere Hände angefasst haben, das verkünden wir, das Wort des Lebens." (1Joh 1, 1), „... wir werden ihn sehen, wie er ist". (1Joh 3, 2) Aber nirgendwo kommt es mit der frontalen Kraft vor die Augen wie im ersten Kapitel der Offenbarung des Johannes. Das Buch bringt die prophetische Deutung des Weges, den das Evangelium in der zeitlichen Welt geht, und über dem Eingang thront das große Christus-Gesicht, die Ikone des Evangeliums. Sie steht nicht nur für die Berufung des christlichen Sehers, sondern überhaupt für das christliche Programm und die heilige Autorität des Menschensohnes. „Am Tag des Herrn wurde ich vom Geist ergriffen und hörte hinter mir eine Stimme, laut wie eine Posaune ... da wandte ich mich um, weil ich sehen wollte, wer zu mir sprach. Als ich mich umwandte, sah ich sieben goldene Leuchter und inmitten unter den Leuchtern einen, der wie ein Mensch aussah; er war bekleidet mit einem Gewand, das bis auf die Füße reichte, und um die Brust trug er einen Gürtel aus Gold. Sein Haupt und seine Haare waren weiß wie weiße Wolle, leuchtend weiß wie Schnee, und seine Augen wie Feuerflammen; seine Beine glänzten wie

Golderz, das im Schmelzofen glüht, und seine Stimme war wie das Rauschen von Wassermassen. In seiner Rechten hielt er sieben Sterne, und aus seinem Mund kam ein zweischneidiges Schwert, und sein Gesicht leuchtete wie die machtvoll strahlende Sonne. Als ich ihn sah, fiel ich wie tot vor seinen Füßen nieder. Er aber legte seine rechte Hand auf mich und sagte: *Fürchte dich nicht! Ich bin der Erste und der Letzte und der Lebendige. Ich war tot, doch nun lebe ich in alle Ewigkeit, und ich habe die Schlüssel zum Tod und zur Unterwelt.*" (Offb 1, 10-18)

Wir haben vor uns das Auge-Ohr-Gesicht, Wortlaut und Augenschein sind zu einem mächtig wirkenden Ganzen verbunden. Es ist kein himmlisches Foto, sondern eine Vision, eine Schaugestalt, errichtet über allem, was das Buch an rätselhaften Bildern bringen wird. Wer sich schwer tut mit der mysteriösen Sprache, die hier gesprochen wird, sollte sich an das Bild am Anfang halten, es ist der Schlüssel und die Inhaltsangabe in einem. Darüber hinaus aber auch die sichtbare und hörbare Zusammenfassung dessen, was die christliche Botschaft bringt. Es gibt in der gesamten Bibel kein Bild von größerer Prägnanz, von stärkerer Sprache und überzeugenderem Trost als dieses Gesicht. In den einzelnen Zügen, die mit expressionistischer Kraft hingesetzt sind, trägt es die Elemente der Welt, in der sich die Menschen aufhalten, alles, was All, Universum, Kosmos genannt wird. Wer sich dem Gesicht anvertraut, der erfährt die Gewissheit, dass die kosmischen Zwangsgewalten aufgehoben sind in der personalen Macht des Erlösers. Er trägt die Ananke verwandelt in sich, alles Harte, was uns in der Natur determiniert und niederhält. Nun ist es in seine Hand gelegt und er wird das Schicksal in seinem Sinn verwalten. Frei gemacht von aller Angst vor dem Fatum der Evolution kann sich der Mensch nach allen Richtungen dem Traum der Freiheit hingeben. Denn die Ikone erhebt sich siegreich über der Totenwelt. Die öffnende Macht wird dem Gesicht zugesprochen, die Schlüsselgewalt bedeutet auch, dass die Finsternis und Leere des Hades, dass alle Winkel und Labyrinthe der Schöpfung besetzt sind von dieser Lichtquelle. Schon beim bloßen Lesen ist die Wirkung zu spüren, in der sich das Angstsyndrom löst, im Niederfallen und Aufgerichtetwerden, in der Ermächtigung aller, ein Gesicht zu haben, es auch im Tod nicht zu verlieren. Die tiefe Beruhigung, die das Bild verströmt: Das geängstigte Geschöpf vor der Gesicht gebenden, Gesicht erhaltenden, erleuchtenden Macht, vor Christus. Das ist die Szene, aus der die Freude am Leben gewonnen wird, in der auch große Töne möglich werden, aus der ewigen Quelle der Musik, wie im Kirchenlied, das zu Pfingsten gesungen wird. Der Geist weht her aus dem Gesicht des Lebens, erfrischend, aufweckend, mitreißend, und die feiernde Gemeinde stimmt ein mit ihrem Psalm: *Ganz überströmt von Glanz und Licht erhebt die Schöpfung ihr Gesicht.*[64]

IV

Aufbruch

Sankt Peter in Salzburg, im rechten Seitenschiff vor dem Reliquiengrab des Gründerbischofs Rupertus. Ein Tourist geht vor dem Monument auf und ab und lässt sich von der Atmosphäre des Ortes zu schweifenden Gedankengängen anstiften. Ein simpler Wunsch bewegt ihn, er will leiblich an den Ort der Kommunikation mit den Toten gehen, so nahe, arglos und schlicht das nur möglich ist. Nicht um eine Märchenstunde geht es ihm, er will die Probe darauf machen, was an realer Gewissheit zu erfahren ist an einem ganz gewöhnlichen Nachmittag im April.

Zuallererst meldet sich die Frage: Wie redet er Rupertus an? Und er gibt sich die einfache Antwort: Tu was du eben kannst, fingiere ein Gespräch, du dichtest dir eine Szene, von der du ganz genau weißt, dass es sie nicht gibt, du redest nicht den Bischof an, du sprichst mit dir selbst. Das ist doch unterhaltsam. Der Tourist fühlt aber eine besondere Neugier, er will kein Palaver mit sich selbst. Er will genau das erleben, was alle Reiseführer verweigern, das reale Gespräch mit den vergangenen Personen, wie Rupertus eine ist. Er zielt weg von sich auf den Träger dieses Namens. Da drängt im Augenblick eine andere Möglichkeit heran. Der Tourist vor dem Reliquienschrein: Ich sage „Seele" und rede zu ihr, der Rupertusseele, der geistigen Kraft, die nicht in den Strudel der Verwesung mitgerissen wurde, als der Heilige starb. Die Seele ansprechen, das den Körper Überlebende, das Losgelöste. Die weglassende Sprache sagt ihm zu, weil sie vieles verräumt, was drückt und schmerzt, die schwere Seite des Leiblichen. Aber die Seele ist auch ein teilendes Prinzip, das den Wirklichkeitssinn frustriert. Der Tourist will mit dem ganzen Bischof Kontakt haben, sollte es darum nicht besser sein, einfach Du zu sagen? Rupert, du! Das Du-Wort trifft ihn ganz, auch nach den unbekannten Zuständen hin, in denen er sich aufhalten mag. Es lässt alle Vorstellungen zu und fängt alle ein. Also du. Das fährt direkt auf ihn los, auf Rupert mit Leib und Seele, Fleisch und Geist, mit Haut und Haaren.

In welcher Zeit wird geredet? Der Tourist blättert in seinem Reisehandbuch. Die Architektur der Kirche spricht mit der Autorität des Alters, die Bilder vergangener Zeiten drängen heran. Also 1300 Jahre zurückreden in das Damals, so tun als könnte man den verflossenen Moment erreichen, in einer Zeitreise quer durch die Epochen? Hinüberspringen mit einem Buch in der Hand? Und wo landen? Die Zeit damals, was ist mit ihr geschehen? Das Vergangen-Sein, wer kann das denken und verständlich beschreiben? Die historische Literatur erweckt in den Lesern die selbstverständliche Gewissheit, dass jener Augenblick leicht erreichbar ist, so leicht, wie sie in ihrer Wohnung aus der Küche in das Schlafzimmer gehen können. Der Tourist schüttelt den Kopf über seine Gedankensprünge. Da steht er zwei Meter vor dem Behälter, in dem die Reste des

Erzbischofs gesammelt sind, und kommt nicht hin zu ihm. Mit welchem Organ soll er sich bewegen, in welche Richtung sich drehen, um mit ihm gleichzeitig zu werden? Das will er unbedingt: Jetzt Du zu ihm sagen, in ein Gehör hinein, in eine Aufmerksamkeit, die auch Antworten geben kann. Darum mag er sich auch nicht zufriedengeben mit der Möglichkeit, vorwärts zu reden. Das hieße nur das Zeitlineal umdrehen, dass es von jetzt auf später zeigt, und es käme zu den gleichen Griffen ins Leere wie in der Rede rückwärts. Wer garantiert ihm, dass die Anrede jetzt funktioniert, und wie kann das vor sich gehen? Damit landet der Tourist bei einer weiteren Frage: Wo vermutet er Rupert? Jede Anrede lokalisiert den Angeredeten irgendwo an einem Raum-Punkt, da oder dort, unten, oben, dazwischen. Befindet sich der Bischof in der Reliquienkiste, im Dom, in Worms, seinem Geburtsort? Oder an einer kosmischen Haltestelle, wenn er in das Universum verschickt worden sein sollte? Der Reisende fängt an, in den Möglichkeiten zu taumeln, damals, dann, da und dort, irgendwann, irgendwo. Er kann nicht so tun als wäre Rupertus leibhaftig da, alles ist bestimmt von seiner leiblichen Abwesenheit. Aber er will nicht kapitulieren mit seinem Vorhaben, ihn jetzt anzureden. Der Tourist geht noch eine Weile auf und ab, schließlich bleibt er vor dem Schrein stehen und sagt laut zu sich selbst: Himmel! Der *Himmel* ist das Wort für die Zeit, den Ort, die Kraft, die Präsenz, die es mir erlauben, Rupert zu sagen, ihn anzureden und das ungewöhnliche Gespräch zu führen. Himmel heißt die Stelle, woher geantwortet wird, wann immer ein solches Wunder stattfindet. So will er jetzt nicht daran zweifeln, sondern sich aufrichtig mit dem salzburgischen Oberhirten unterhalten.

Gewinnt der merkwürdige Tourist nicht unsere Sympathie? Er springt in einem Satz über alles Kulturgeräusch und Archäologiegerede hinweg in die Sphäre der Gleichzeitigkeit. Und wir springen mit ihm, froh darüber, dass endlich eine Möglichkeit geboten wird, mit allen Fragen daherzukommen, für die man sich meistens entschuldigt, mit Einfällen und gedanklichen Bedrängnissen, für die wir uns andernorts zu schämen hätten. Was daraus entsteht, sieht aus wie ein Gesprächsprotokoll, aber es genügt vollauf, wenn es für eine phantasievolle Mitschrift gehalten wird. Die irdische Pedanterie sei für eine gute Weile der himmlischen Genauigkeit unterstellt. So steht dem Gespräch nichts mehr im Weg.

Tourist. Was sich auf meinen Reisen an Bildern und bleibenden Eindrücken angesammelt hat, darüber habe ich einmal in meinem Tagebuch einen harten Titel geschrieben: Bunker des Todes. Mausoleen, Nekropolen, Friedhöfe wie in Sankt Peter, Gräber, Särge, Sarkophage, Urnen, Pyramiden, Katakomben, Grüfte. Alle Erfahrungen, die mit dem Toten zu machen sind, führen in die Enge und Abgeschlossenheit. Der Verstorbene ist plötzlich auf die bestimmte Stelle und den bestimmten Zustand fixiert. Die meisten Handhabungen an der Leiche geschehen in der Form des Verschließens. Der Sargdeckel wird zugeschraubt, das Grab ausgehoben und zugeschüttet, man nennt das Beerdigung. Stein, Zement, Marmorplatten, Säulen werden darauf angebracht. So entstehen bunkerartige Gehäuse für die Unterbringung der Toten. Die sogenannte Grabkultur hat festungsartigen Charakter; auch die Urnen verstärken diesen Eindruck. Auf so kleinen Raum zusammengezwängt sein, reduziert auf eine Handvoll Staub. Alle Inschriften nützen mir nichts: Wenn ich vor dieser Totenarchitektur stehe, geht von ihr kein freies Gefühl in meine Seele. Was mich mit spitzem Eindruck trifft: das Hinabschauen in die Grube, die den Leichnam aufnimmt, nicht die Schwärze der Erde, sondern die behördlich abgemessene Enge der Totentruhe. In diesen Behälter werde ich eingeliefert und darin verschwinden. Das macht mich nieder, ich übertrage die Lage des Toten in die Empfindung meiner Seele. So geschieht es mir auch jetzt, wenn ich versuche, Rupertus in seiner Truhe zu orten. Die Unterkünfte der Toten sind eng. – Habe ich mich hörbar gemacht?

Gerade das müsse nicht sein, lässt sich der gleichzeitige Rupert vernehmen, ihn orten in dem Marmorkasten, als wäre das der Wohnort, in den er sterbend umgezogen ist. Eine einfache Vorstellung sei zutreffender. Wie man aus den Schuhen, aus den Kleidern schlüpft, sie zurücklässt und weit fortgeht. Nun liege da eine Zeit lang noch einiges herum. Hemden, Strümpfe, Hosen. Der Kasten für eine Leiche sei übrigens nicht enger als der Bauch einer Mutter. Er rate dazu, die beiden Behälter ganz ruhig zu vergleichen, ohne zu zappeln, dann wird das Herze gelassener schlagen. Damals, in der verborgenen Stunde des Anfangs ist es dir gelungen, frei zu kommen, also wird es in der Grabesdunkelheit auch nicht unmöglich sein. Denke doch daran, dass dich die Mutter herausgepresst hat, sie wollte dich nicht im Bauch behalten. Dieser Wille, der ins Freie drängt, ist nicht gestorben.

Tourist. Bischöfliche Gnaden! Da liegt nicht nur restliches Zeug herum, es wird konstruiert, gebaut, mit allem Aufwand gepflegt, die Leute lieben die Orte der Toten. Man kann hingehen, Besuche machen, es ist möglich, dem Gefühl ein Dort und ein Da zu geben. Die Beschaffung von Unterkünften ist ein unentbehrliches Element der Kultur. Menschliches Tun heißt Gehäuse machen, lokalisieren, Adressen stiften und – einsperren.

Darauf Rupert gleichzeitig. An einem Ort würden die Leute nicht nur gefangengesetzt, sie könnten dort auch wohnen. Die Niederlassung sei doch die wohltuende Gelegenheit, auszuruhen. Er, Rupert, kenne das Stubengefühl, nach langem Ritt auf dem Maulesel, mit krachenden Scheitern im Ofen, da brauche niemand lange zu grübeln, ob es eine Heimat gibt und worin sie besteht. Orte bieten Umfriedung, nicht nur Einzäunung. Sollte der Himmel nicht etwas von dieser Art sein? Geh doch dieser Vermutung mit offenen Sinnen nach. Verwunderlich, wie wenig die Leute ihre stärksten Erlebnisse ausprobieren, um einen Geschmack von der anderen Welt auszukundschaften. Schau dich um in deiner Welt, in deinem Leben, und vergiss nicht, dass du einen Leib hast.

Tourist. Die Kulturpfleger wissen viel zu sagen über die Funktion der Bestattung. Wegen der Hygiene muss die

Leiche tief genug weggeschlossen werden. Das mythische Leichengift, der Neid und der Hass der Toten auf die Überlebenden sind abzuwehren, daher die anhaltende, vieldeutige Bindung an das Grab, einen örtlichen Bezugspunkt haben, die kultische Begehung, die Betreuung der Toten, die Kontinuität des Umgangs, mit Speisung, Totenfestlichkeit und Verehrung. Hat sich vielleicht auch die Hoffnung auf ein weiteres Leben an dieser engen Stelle angesiedelt?

Wieder Rupert. Ein Gesäß und zwei Beine, sitzen und gehen, so sei nun einmal die Freiheit konstruiert, die der Menschenkreatur zusteht. Gebunden an den Erdboden und aufgerichtet in das bewegliche Gehwerk. Er habe als Bischof, der er ja gewesen sei, besonders gern über zwei Sätze aus dem Neuen Bund homiliert, wo geschrieben ist, Petrus habe auf dem Taborberg zu Christus gesagt, er wolle auf der Stelle drei Zelte aufschlagen, weil an dem Ort gut hausen sei, und über den anderen auch, in dem der Erlöser selbst mit dem Wort zu vernehmen sei, der Menschensohn habe nicht wie die Vögel ihre Nester haben und die Füchse ihre Höhlen auch eine Wohnstelle für seinen Leib. (Mt 8, 20) Er führe sein Leben unterwegs. Und so sei es nun mit ihm, er sei durchflossen von der Kraft, aufzustehen und herauszugehen aus allen Behältern, erfüllt von der Freude, einen Platz zu haben, wohnen zu können, wo man angetroffen werden kann. Er spüre die offenen Wege und die Haltestellen daran, zwei Gnaden auf einmal.

Tourist. Es ist unmöglich, alles zu erzählen, was mit dem Aufenthalt der Toten zu tun hat. Die Bild-, Zeichen- und Gedankengeschichten von Ovid bis Sartre reichen leicht aus, das Sepulcrum des Hochwürdigsten mit Büchern zuzudecken. Die erlebten Eindrücke fangen die Phantasie immer wieder ein und zerren sie an die großen Totenplätze, wie zum Beispiel an den Ölberg in Jerusalem. Das Gräberfeld ist über und über bedeckt mit Platten, Höhlen und Häusern, und so verstrahlt das Ensemble seine steinerne Symbolik. Es wurde versucht, mich mit der Belehrung zu trösten, dass diese Totenbaukunst den Kreislauf der Natur unterbreche, gegen ihre Zwänge ein erfundenes Zeichen setze. Aber warum sollen mich ausgerechnet die tonnenschweren Steine heiter stimmen? Warum diese Wahl? Gibt es nicht beschwingtere Zeichen, die mehr aufmachen als zumachen? Wie viel schweres Räumgerät wird man bei der Auferstehung brauchen! Mir ist in den Friedhofsgegenden so zumute. Meine Gefühle sind hie und da wie Hunde, die sich von der Leine losgebandelt haben. Ungehörig. Sie streunen, und auch wenn man ihnen pfeift, scheren sie sich nicht darum.

Rupert. Wie wäre dir da nicht Recht zu geben, wie hättest du nicht allen Anlass, gegen die Todessucht anzugehen, die ihren Bazillus überallhin verstreut und die Lust an der Schwerkraft züchtet! Es ist als lege sich der Tod mit seinem totalen Nachtgewicht auf die Phantasie, als habe das Zurückhaltende, das Übrigbleibende, die Reliquienwelt die Augen definitiv rückwärts gedreht, die auf den Leichnam starren, der von allen Dingen umgeben und eingefasst wird. Nun ist es, als müsse alles zur Mauer werden in den Zeichen, die den Tod beschreiben. Wie verkehrt ist das!

Tourist. In diesem reich bebilderten Raum spüre ich meinen Unwillen, mich unter die Masse der Steine zu legen, die Bilder des Verschlusses im Voraus auf mich zu nehmen, besonders streng. Der Tod wird bei mir keinen Auftrag an die kulturellen Mumifizierungswerkstätten ergeben. Die musealen Mentalitäten der Gegenwart platzieren das Leben in der Vitrine. Es fällt mir aber schwer, das ägyptische Quaderwesen zu bewundern, das Wuchtende anzustaunen. Wie sollte sich nicht von solchen Gewichten die Schwerkraftbesessenheit in die Seele schleichen, die lastende Tonnage alles hinabziehen, Herz und Vernunft, in die Verdunkelung der Augen? Kann sich gegen einen Sog von solcher Stärke eine Möglichkeit durchsetzen?

Rupert. Der fahrende Geselle möge sich kräftiger erinnern, in welchem Haus er sich befindet. Das lege ihm doch deutliche Gedanken nahe. Wer wird es denn sein, der die Schwerkraft über den Gräbern hebt und Öffnung schafft? Niemand von den Lebewesen seiner Bekanntschaft hat die Hand dafür. Vielleicht ist in der Seele des Gesellen nicht stark genug befestigt, was er gewiss oft dahersage und noch öfter dahergesagt bekomme, dass nichts unmöglich ist bei dem, dessen Hand an der Wurzel der Schöpfung liegt. Der heilige Name brennt an den Riegeln, es ist nicht nötig, nach anderen Mitteln zu suchen. Der gleichzeitige Rupert begann selbst zu stottern. Er wollte die stärkste Benennung hervorholen, die es gab, aber es war, als lähmte sie seinen Mund. Er brachte sie nicht heraus, sie blieb in seinen Stimmbändern hängen, keines der bekannten Großvokabel kam hervor. Rupert stammelte die Worte durcheinanderdrehend *werdennsonstundwassollteer-*

*andereswaskönnteBesseresgescheheninderGottseibeiuns-
nachtwerdennsonstalseralssiealsesalsdieWeisheitdasGestein-
zufließendemWasserwerdenließ …*

Mit diesem zitternden Satz ist die Rupertusstimme verklungen, als hätte sie genug gesagt. Der Tourist rieb sich die Augen, drehte seinen Kopf und wusste eine zeitlang nicht recht wie. Dann setzte er sich in einen Chorstuhl, holte sein Tagebuch hervor und begann zu schreiben. So saß er eine Weile und suchte seine wildernden Gefühle zu ordnen. Später sah man ihn aus der Kirche laufen, er verschwand in der Menge der Leute, die unterwegs waren. Schreibend trieb er sich in der salzburgischen Stadtgegend herum, von Haltestelle zu Haltestelle, Notizen eintragend, angehalten und weitergetrieben von Gedanken, die er hatte und die ihm zufällig kamen.

Sankt Peter, in den Gruftarkaden
„Der Stein ist weg, das Grab ist leer". Der lakonische Vers aus dem Osterlied sagt es mit heiterer Kürze.[65] Die christliche Reaktion auf die Herrschaft der Steine in der Zone des Todes ist revolutionär, wegräumend, wie das Wort lautet. Die Grabkultur wird aufgelöst, der Stein weiter nicht mehr verwendet, um Dauer und Sichtbarkeit zu produzieren, die ganze Gesteinskunst wird überflüssig, das Megalithische verschwindet. Das jedenfalls ist der Sinn, von dem der Hauptstoß getragen ist, den das Evangelium führt. Der Vers des Osterliedes ein Freiheitsvers, in dem nicht nur davon gesungen wird, dass das einfassende Hindernis nicht mehr

da ist, sondern auch vom offenen Weg, der nun gegangen werden kann. Das ist viel mehr als ein Wechsel in den Stilmitteln, nämlich die Wende der religiösen Elementarbewegung, weg aus der Steinkultur, weg aus der bannenden Faszination des Schweren und Undurchsichtigen. Weg aus Ägypten.

Hohensalzburg
Jesus bricht die Hadesfestung, er hebt die ganze Nekropole aus, tut eine schwere Arbeit mit leichten Gesten und eher im Verborgenen als im offenen Kampf mit den Elementen. Diesen Kampf wünscht sich die Phantasie vor das Auge, dass die österliche Explosion des Messiasgrabes vielleicht gar in den Pyramiden geschehen wäre, in der größtmöglichen, anschaulichsten Wirkung, die Steintrümmer nach allen Richtungen in die Welt schleudernd. Aber es muss genug sein mit dem Gestus Jesu, mit seiner Art, sich mitzuteilen. Er führt den Auszug aus den festen, feierlichen Häusern, aus den Monumenten und Mausoleen, und bewegt sich viel häufiger über das freie Land als in der Architektur. Jesus ist kein Tempelenthusiast, er setzt nicht mehr auf das feste Gotteshaus, der Menschensohn hat keinen Polster für sein Haupt. Er baut kein Haus und besitzt keines, wie das die Familienväter des Bürgertums tun. Die Form der Leichtigkeit Jesu kommt immer wieder in Blitzlichtern hervor, wenn er über das Wasser geht, in den Himmel erhoben wird, in der Lichtaura schwebt. Die Gewöhnlichkeit des Jesusgrabes ist besonders auffallend, vergleicht man sie mit der Fassung der

Mumie des Pharaos Tutenchamun.[66] Zwar wird auch vor die Grabstelle Jesu nach der üblichen Art der Beisetzung ein Stein gerollt, aber es fehlt jeder Eifer für die lange Aufbewahrung. Die Mumie des ägyptischen Königs ist eingemacht in vier vergoldete, ineinander gestellte Holzschreine, dann kommt ein fein gearbeiteter Steinsarkophag, darin wiederum drei Särge in der Gestalt Tutenchamuns, der innerste aus reinem Gold im Gewicht einer Tonne, dahinter erst befindet sich der konservierte Leichnam, dessen Gesicht von einer Goldmaske bedeckt ist. Die Leiche ist zubereitet, aufbewahrt und gesichert für weiß Gott welche Dauer. Dagegen Jesu leichtfüßiger Austritt aus der Umschnürung, sein Leichnam war in Tücher gewickelt, die Frauen kommen zu spät für die Salbung, das Grab ist geliehen, kein Baumeister dafür zuständig, keine Grabarchitektur wird entworfen wie bei Augustus oder einem Keltenfürsten. Flüchtig der Aufenthalt im Grab, folgerichtig, daher auch kein gefülltes Grab, kein Gold in den Särgen, keine postmortale Fütterung, kein Kulturhausrat, das Grab ist geleert, der tote Jesus geht gar nicht in diese Höhlungskultur hinein. Und wenn er hineingeht, dann, um sie überflüssig zu machen. Es ist der unübersehbare Drang ins Freie, der ihn treibt. Der Ausdruck „Leeres Grab" bedeutet demnach im umfassenden Sinn den Sachverhalt, dass für Jesus der Ort des Todes kein Ziel-Ort ist, den er anstrebt, um sich darin aufzuhalten und Sinngestalten zu entwerfen. Wir wissen nichts von Inschriften an den Wänden der Zelle, in der Jesu Leiche beigesetzt wurde.

Mönchsberg

Aber war es nicht die Todes-Zeit, in der Jesus als der bessere weil konsequentere Orpheus sein Werk tun konnte? Hier kommt es leicht zu perspektivischen Täuschungen, weil diese Arbeit des Erlösers keineswegs der Todesphase zuzuschreiben ist, sondern zur Aktion der Auferweckung gehört. Die zeitliche Platzierung in den *drei Tagen* drängt dagegen die Vorstellung zu der Annahme, dass dies alles geschieht während Jesus tot ist. Doch in diesem Moment geschieht nichts. Der Tod ist kein stündlich messbarer Aufenthalt, sondern die geburtliche Wende in das neue Leben. Nicht die Konservierung leiblicher Restbestände, kulturell wertvoller Reliquien, etwa der Reisetasche Mozarts oder der Sandalen des heiligen Josef, auch nichts von den Pontifikalgewändern Ruperts bewegt das Interesse, in dem das christliche Evangelium am Werk ist. Unmessbare Metamorphose, augenblickliche Wandlung des gesamten Existenzbestandes kommt in Gang, und es kann gar kein Verweilen sein. Alles nekropolitische Tun würde diesen Schwung abreißen lassen.

Im Dommuseum

Was aber ist mit den christlichen Reliquienschätzen in den diözesanen Museen und auf den Altartischen in den Kirchen? Welchen Sinn haben diese goldgefassten Kostbarkeiten? Hier wäre die bunte und manchmal unterhaltsame Geschichte des christlichen Leichengebrauchs nachzuerzählen, wäre Nachricht zu geben von der Produktion der Reliquien, vom Handel damit, von der Fixierung der Frömmigkeit auf die Überbleibsel des Lebens, deren unaufhaltsame Sakralisierung, vom Vertrauen in die magische Kraft der Leichendinge, aus denen sich eine sichtbare Brücke gebaut werden sollte in das kommende Leben, woraus sich immer wieder ergeben hat, dass die Reliquien stärker waren als die Sakramente, denn es kam darauf an, existenzielle Sicherheiten zu schaffen, vor allem auf dem gefahrenreichen Weg in das Jenseits. Dagegen war es eine schwache Sinngebung, wenn die spirituellen Pädagogen, deren Weisheit auch die amtliche Kirche manchmal benützte, von der Pietät, der dankbaren Erinnerung und den Spuren des gelebten Lebens sprachen. Oft genug war das Vertrauen in die Berührung mit den sakral geladenen Lebensteilen anhaltender als die moralpsychologischen Bemühungen. Die Füllung des Grabes und aller Arten von Todesbehältern mit den Reliquien dient der religiösen Sicherungstechnik. Auch hier begibt sich, was im Feld der religiösen Bewegungen häufig zu sehen ist. Die Frömmigkeit geht eigenwillig ihre Wege, beschafft sich in selektiver Autonomie aus dem reichen Fundus der numinosen Arsenale, was sie braucht, und montiert ihre Bestandteile nach aktuellen Bedürfnissen. So fällt es ihr auch nicht schwer, die Elemente des Auferstehungsevangeliums in den magischen Weg einzubauen. Der Leerung der Gräberfelder tritt erneut eine Ägyptisierung der Atmosphäre entgegen, massiv in den Formen des christlichen Friedhofskults, weltlich übersetzt und weit abgedriftet im rituellen Feiertum der Museen. Diese tempelartigen Häuser, deren Zahl in allen Bereichen der westlichen Zivilisation ständig wächst, ziehen die Gefühle und mit ihnen auch die Gedanken nach unten in die Vergangenheit und legen die Vermutung nahe, mit dieser Wende in die Unterwelt sei etwas geschehen, ein Aktus, eine Wandlung, gar eine Bewältigung des Vergangenen. Der Topos des *Leeren Grabes* steht jedenfalls sehr scharf gegen diesen modernen nekropolitischen und nekroästhetischen Trend. Die Heimat, von der das Evangelium sagt, dass sie den Geschöpfen bereitsteht, liegt nicht in der Höhlung der Steine, nicht unter den Deckeln und Platten, nicht im ehemals und gestern, sondern kommt von morgen her, liegt außen und oben und im Freien. (Kol 3,1-4)

Sebastiansfriedhof
Variationen zum Grab Jesu
+ Der Raum für die Aufbewahrung der Leiche Jesu. Diese befindet sich darin vom Augenblick der Bestattung bis zum Augenblick der Auferstehung.
+ Das Grab Jesu wurde durch menschliche Aktionen geleert, zum Beispiel durch Exhumierung, Diebstahl, Umbettung, Verbrennung.
+ Die Leiche Jesu wird durch ein Wunder der Totenerweckung reanimiert, so wie Lazarus auferweckt wurde und wieder in das irdische Leben zurückkehrte.
+ Die Leiche Jesu bleibt im Grab. Dieses wird nie leer, denn die Unsterblichkeit kommt nur der geistigen Seele zugute, die sich für immer vom Leib befreit hat.

+ Das Grab Jesu leert sich vom Augenblick der Bestattung an, denn mit dem Eintritt des Todes beginnt die Verwesung.
+ Völlig leer ist das Grab, wenn sich von der menschlichen Existenzform Jesu nichts darin befindet. (Leib und Seele)
+ Leer ist das Grab, wenn sich die personale Du-Wirklichkeit vom Leib gelöst hat, auch dann, wenn sich noch Bestandteile des Körpers darin befinden.
+ Das Grab ist immer leer, weil es von keiner Person bewohnt wird: das Niemandshaus.
+ Das Grab ist leer, wenn sich die Seele des Menschen mit allen Energien und Aktionen daraus entfernt hat. So hätte Jesus seinen unterirdischen Wohnort verlassen.
+ Das Grab ist nie ganz leer, weil immer Spurenelemente der Existenz im System der Natur gegenwärtig sind.

An der Salzach
In der Debatte um das leere Grab Jesu ist alle Aufmerksamkeit darauf gerichtet, ob der Leichnam Jesu am Ostertag noch im Grab vorhanden oder ob er verschwunden war. (vgl. Joh 20, 1-10) In der theologisch-apologetischen Betrachtung wird der zeitliche Faktor meistens ganz außer Acht gelassen, also die Unterscheidung zwischen der frischen und der alten Leiche, des neuen und des alten Grabes. Jedes Grab leert sich von selbst, wenn es lang genug unberührt bleibt. Die chemische Zersetzung löst alle Arrangements auf.

Dafür bedarf es keines Engels und keiner übernatürlichen Auferweckungsmacht. Wenn das Grab chemisch geleert ist, hat von allen Wundertaten noch keine stattgefunden. Jesu Grab war so leer wie alle Menschengräber auf der Welt leer sind, wenn sie lang genug dem Prozess der Natur überlassen bleiben. Die Differenz Grab Jesu – andere Gräber ist rein zeitlicher Natur. Der Leichnam Jesu war im Anfangsstadium der Verwesung, andere Leichname sind vollkommen aufgelöst in der Erde verschwunden. Die Leere, die nach drei Tagen festgestellt wird, spricht freilich in anderer Weise als die Leere, die nach tausend Jahren wahrgenommen wird. Diese macht es leichter, an das Wunder einer gnadenhaften Aktion zu denken, aber sie zwingt nicht dazu. So könnte man zur anschaulichen Probe auch das Rupertusgrab öffnen, wenn es bekannt wäre, und den Inhalt untersuchen. Wie immer dieser beschaffen wäre, niemand würde sagen: Das ist Rupertus. Kleiderfasern, Metallstücke, Haarbüschel und sehr viel Moder und Staub. Nach einem weiteren Millennium wäre auch davon nichts mehr vorhanden. Das Grab ist leer, der aktuelle Inhalt hat keine Identität mit der Gestalt, die einmal der lebende Rupert gewesen war. So war auch das Grab Jesu leer, wenn auch die nur anfänglich verweste Leiche den Eindruck macht, es sei gefüllt. Auch mit Inhalten anthropologischer, kultureller archäologischer Natur wäre das Grab leer, denn die Person ist nicht darin enthalten, nichts mehr an personalen Äußerungen erkennbar in den Resten, die vorhanden sind. Das Rupertus-Du ist verschwunden.

Dieser Leere gegenüber ist der Restbestand an Reliquien bedeutungslos, weil das Du nicht beigebracht wird; er ist bedeutungshaft, weil er diese Leere immer noch überblenden kann, als wäre das Rupertus-Du noch da. Es macht nichts aus, ob es sich um eine frische oder eine alte Leiche handelt, der Status ist der gleiche, nur für die Wahrnehmung ist ein großer Unterschied gegeben. Die Leerung des Grabes ist an sich ein natürlicher Vorgang, der nichts Wunderhaftes an sich hat. Wann wird darin das Wunder des neuen Lebens? Wann greift Gott in den leeren Ort, um die Quelle neuen Lebens springen zu lassen? Es ist nicht leicht, das Tun Gottes zeitlich zu ordnen, in ein Sofort oder Später, in ein Jetzt oder Dann aufzuteilen. Darüber kann lang gestritten werden. Der Gedanke, Gott habe an Jesus in exemplarischer Weise getan, was er an allen Menschen tun will, leuchtet mir ein. Und es genügt meinem Glauben, diese Gewissheit zu haben, mag das Wunder des neuen Lebens so oder so in die Sinnlichkeit meiner Wahrnehmung eingehen. Ich vermute, dass die göttliche Hand sehr unterschiedliche Register spielt im Organismus der menschlichen Seele.

In meinen Ohren klingt es jedenfalls nach Evangelium, wenn es im Kirchenlied heißt: *Der Stein ist weg, das Grab ist leer.* Der Weg ist freigemacht, und alle können darauf gehen, die, deren Knochenreste im Reliquienkästchen über den Domplatz getragen werden, und die, an die kein Buchstabe verschwendet wird, obwohl sie Brot gemacht und den Pflug geführt haben: Ausfahrt in die Sphäre der Unumfasstheit, freies Fortgehen – dazu hat sich der Messias erhoben, dazu erhebt er die ihm anvertrauten Menschen. Wahrhaftig ein Anlass für viele Lieder.

Im Mirabellgarten
Durch die Schriften über die mögliche Unsterblichkeit des Menschen geistert seit langem eine Angst, es könnte mit der kommenden Existenz im Glück des Himmels nicht gar so weit her sein, wie es die Theologen gewöhnlich behaupten. Warum diese Zwangsverpflichtung zur Ewigkeit? Warum, wenn schon die totale Begabung der Kreatur mit allen Erfüllungen stattfinden soll, warum nicht gerade die der Freiheit, von ihrer Wurzel her, warum diese hinhaltende Nötigung, das gesamte Libretto mitspielen zu müssen? Müsste nicht die Rede sein von der Gefangenschaft in einem fremden Willen, der seine Bestimmung allem voraussetzt?

Auf dem Kapuzinerberg
Viel stärker aber als dieses Räsonnement rumort eine Befürchtung in den Gedanken, die sich dem Thema *ewige Seligkeit* nähern: die Langeweile. Immanuel Kant schreibt in seinem Essay *Das Ende aller Dinge*, der Gedanke, dass einmal alle Veränderung im Dasein aufhören wird, sei eine die Einbildungskraft empörende Vorstellung. „Alsdann wird nämlich die ganze Natur starr und gleichsam versteinert: der letzte Gedanken, das letzte Gefühl bleiben alsdann in dem denkenden Subjekt stehend und ohne Wechsel immer dieselben ... Die Bewohner der anderen Welt werden daher so vor-

gestellt, wie sie, nach Verschiedenheit ihres Wohnorts (dem Himmel oder der Hölle), entweder immer dasselbe Lied, ihr Halleluja, oder ewig eben dieselben Jammertöne anstimmen (Offb 19, 1-6; 20, 15): wodurch der gänzliche Mangel alles Wechsels in ihrem Zustande angezeigt werden soll."[67] Monotonie also und Abwechslungslosigkeit, Erstarrung in bestimmten Formen und Tönen. Im Himmel ist immer Sonntag, nie Dienstag, immer befindet man sich im selben Raum, nie im Wirtshaus, atmet die bekannte Kirchenluft, Kerzenlicht und Weihrauch, Dauerfeierlichkeit, die schon auf Erden mit zwei Stunden zu lang anhält. Der Philosoph hätte sich von dieser Befürchtung befreien können durch die Lektüre anderer Texte, die dem Himmel gewidmet sind, oder sie ihr wenigstens entgegenhalten können. Aber er begnügte sich wohl mit dem, was in den alltäglichen Redensarten vom ewigen Leben im Schwange und auch im theologischen Jargon zu hören war. Demnach stand die Erwartung des Kommenden ganz unter der Idee der endgültigen Vollkommenheit, aus der jede Bewegung weggedacht werden musste, weil das Werden mit dem Bedürfnis verbunden und damit der Rastlosigkeit ausgeliefert war. Vollkommenheit bedeutet also absolute Ruhe, zum Stillstand gekommen sein. In der Tradition der Bilder war das in großer Anschaulichkeit vor Augen geführt, die bewegungslose Versammlung der Seligen um den Thron Gottes. Die herrschende Theorie des Thomas von Aquino, nach der die wesentliche Aktion in der Seligkeit die intellektuelle Gottschau (visio beatifica) sein sollte, gab dazu das Fundament. Die Losung hieß – und heißt auch noch da und dort – *ewige Ruhe*. Das Wort sprach nicht für die herzrührende Freude der Bewegung, es sollte der Ermüdung gelten, die den Christen auf dem Pilgerweg des Glaubens zusetzte. Es gibt freilich Zeugnisse auch von der beschwingten Aktion, zu der die Seligen befähigt werden. Sie sind weniger bekannt, aber so beachtenswert wie die vielen anderen Versuche, die kommende Welt vorzustellen. Zum Beispiel liefert sie Gregor von Nyssa, ein maßgebender Theologe des christlichen Altertums. In seinem Bemühen, die unendliche Fülle des göttlichen Lebens in einen aktiven Bezug zur Fassungskraft des Menschen zu bringen, spricht er davon, dass die selige Zusammenkunft nur möglich ist im Schwung der Bewegung. Nur im unermüdlichen, endlosen Aufstieg erreicht das Geschöpf die göttliche Intimität. Ruhe und Bewegung sind in einen wirbelnden Rhythmus verwandelt, in dem sich der Mensch in Gott auf Gott zu bewegt. „Und niemals steht der Wanderer nach oben still, er empfängt Beginn aus Beginn..."[68] In etwas anderer Perspektive kommt Thomas von Aquino im 13. Jahrhundert auf die Sache zu sprechen. Die Begabung des seligen Menschen interessiert ihn, welche Eigenschaften sind ihm gegeben, was ist seine leibliche Konstitution?[69] Er nennt vier Qualitäten: die Leidensunfähigkeit, die Feinheit (subtilitas), die Lichthaftigkeit (claritas) und die Behändigkeit (agilitas). Die zuletzt genannte Beschaffenheit besteht in der besonderen Art der Beweglichkeit, im Verhältnis zum Raum, und in der Fähigkeit, Abstände zu überwinden.[70] Nach Meinung des Scholastikers wird erst der Mensch der neuen Schöpfung wirklich behände sein, weil er ganz vom geistigen Sein der Seele geprägt ist. „Langsamkeit aber scheint der Geistigkeit am meisten zu widersprechen."[71] Thomas hält es für wahrscheinlich, dass die Menschen der Seligkeit diese Fähigkeit auch wirklich umsetzen, „damit sie durch die Ausübung ihrer Kraft die himmlische Weisheit rühmen und offenbaren, und damit ihr Auge sich an der Schönheit der verschiedenen Geschöpfe erfreue, in denen die Wahrheit Gottes glanzvoll aufleuchtet."[72] Die doppelte Begründung ist wohl zu beachten: Einmal soll in der Bewegung die Weisheit Gottes wahrgenommen und gefeiert werden, und zum anderen wird ausdrücklich die Freude der Augen genannt. Sie dürfen die Schönheit der verschiedenen Kreaturen sehen und heilsam auf sich wirken lassen. (ut visus eorum reficiatur pulchritudine creaturarum diversarum) Die Erfüllung des seligen Menschen durch die Herrlichkeit Gottes ist weder eine Gefangenschaft noch eine Blendung. Sie ist keine Gefangenschaft, als zöge die schöne Wahrheit Gottes so sehr alle Sinne und Aufmerksamkeit auf sich, dass keine Kraft mehr bleibt für die Wahrnehmung der nicht göttlichen Kreaturen; und keine Blendung, dass im Licht Gottes nur Gott gezeigt würde und sonst nichts. Die Dinge und die Gesichter wären alle im grellen Schein der Gottheit verschwunden. Der Gott des Thomas von Aquino stiftet Bewegung, macht sehend und sichtbar, lenkt den Blick auf das Andere, hat Freude an der Freude, in der die Geschöpfe miteinander verbunden sind. Und beachtenswert ist die Idee, nicht die heute so viel gefeierte Langsamkeit sei die Bewegungsform des seligen Lebens, sondern das unübertreffbare Tempo. So schnell das auch gehen mag, die erlöste Seele fährt an nichts vorbei.

In der Residenz
Kant hätte noch an einer dritten Quelle Arzneien gegen die Langeweile schöpfen können, in den Bildern und Schriften der Renaissance. Er hätte allerdings nicht in den Schul- und Handbüchern der Theologie blättern dürfen, um fündig zu werden, sondern die Literatur am Rand der überlieferten Eschatologie aufsuchen müssen.[73] In dieser hätte er den Versuch kennengelernt, mit der Herrschaft des asketischen Intellektualismus zu brechen, in dem der Ziel-Zustand Himmel in eigentümlicher Weise definiert wurde. Der asketische Vorbehalt, der auch dem Neuen Testament nicht fremd ist (vgl. 1 Kor 7), lässt nur eine sehr reduktive Beschreibung der Vollendung im Himmel zu. Die Tradition folgt mehr dem Interesse, die Defekte der Schöpfung auszuschalten, als der produktiven Entfaltung dessen, was jetzt auf eine größere Zukunft hin anfängt. Aber gerade darin sehen Christen der Renaissancezeit die Konsequenz des Credo-Satzes, dass das Wort Fleisch geworden ist. Im Himmel ist nicht weniger Welt, sondern mehr, nicht die Restbestände der Schöpfung feiern ihre Bewahrung, sondern ihre volle Potenz tritt heraus, übermäßig und reichlich. Theo-

logen dieser Epoche hätten nichts Frivoles im Sinn gehabt, sondern die Freigabe der Schöpfungsfreude im freien, neidlosen Fluss. Die Geschöpfe müssen sich ihre Kraft und ihre Kunst nicht rauben wie Prometheus, die Lust der Kreatur ist sich selbst übereignet, ohne Angst, dass damit dem Gottsein etwas entgehen könnte. Der Himmel wäre also der Ort, an dem die Elemente der Schöpfung sorglos erlebt und genossen werden können, der Eros nicht ausgeschlossen. Die Ermutigung zu dem Gedanken, das erotische Spiel der Sinne könne ein ernsthaftes Vorspiel sein für das Glück in der kommenden Welt, ging aus von der neuen Lektüre der biblischen Schriften. Es war nicht allein die abermalige Zuwendung zur griechisch-römischen Kultur der Antike, die den Anstoß gab. Es muss aber aus dieser Tradition ein starkes Gefühl hergeflossen sein, in dem die Kraft der Schöpfung, ihre Gutheit, ihre gottförmige Innigkeit anders gegenwärtig war, als in den ängstlichen Abstraktionen der geistlichen Lehrer, die den Ton angaben. Das Pathos dieser Zeit war gönnender, und der Gott, aus dem es sein Recht bezog, war die personale Allmacht, der es gelingt, immer zu gewinnen, in der Weise der Freiheit an sich zu binden, niemals zwingen zu müssen, und kraft ihrer Liebenswürdigkeit sich höchst unterhaltsam zu geben, in sich selbst und im Zeigen all dessen, was sonst noch existiert. Gott wird nicht fad. – Es gibt freilich viele Zweifel, ob Kant, der hagestolze Junggeselle, von seinem irdischen Habitus aus in der Lage gewesen wäre, im Eros ein willkommenes Mittel gegen die himmlische Langeweile zu sehen.[74]

Vor dem Festspielhaus
Plötzlich, mitten im Gedränge der barocken Häuser, schießt das Vokabel *Konzentration* herein, ungesucht, von keinem Nachschlagewerk empfohlen. In der unmittelbaren Bedeutung sagt das Wort Versammlung und Ordnung um eine Mitte, im physischen, psychologischen, sozialen Sinn, in weiterer Anwendung steht es oft für Verdichtung und Intensivierung, Bündelung der Aufmerksamkeit. Das Wort ist im 20. Jahrhundert zu einem singulären Minus- und Fluchwort geworden, das den Schrecken einer ganzen Epoche zu tragen scheint. Im Begriff des „Konzentrationslagers" ist es noch immer gegenwärtig; freilich durch vielfache, bedenkenlose Übertragung auf alle möglichen menschlichen Zustände vernutzt und der inflationären Belanglosigkeit preisgegeben. Wir wissen, dass nicht nur die Hitlerpolitik an der Erfindung dieser modernen Zwangshöhle beteiligt war. Es sieht so aus, als hätten sich die verschiedensten Gruppen und Institutionen der Weltbevölkerung in einem Wettbewerb um diese Einrichtung bemüht. Jedenfalls ist ein reales Zeichen der Menschenzeit entstanden, dessen Signale in alle Richtungen zeigen, dessen Wucht noch längst nicht eingeholt ist. Der Umgang mit geschichtlichen Einschlägen solcher Dimension ist schwierig, auch deshalb, weil der Betrachter ständig mit der Versuchung zu kämpfen hat, sich selbst in das Licht eines großen Zeichens zu stellen, um am Glanz der Bedeutung mitkonsumieren zu können. Eine besonders perverse Art der Eitelkeit, die viele Texte verdirbt.

Im Wortlaut der schlichten Beschreibung zeigt sich die mythische Gewalt der physischen Verschlossenheit. Die Einrichtung des KZ ballt zusammen, schließt aus, wehrt ab und vermauert nach innen und außen, was alles in menschlichen Verhältnissen denkbar ist, das gesamte Leben in der Form definitiver Einschließung. „Die Lager I, II und III waren mit einer 2,5 Meter hohen Umfassungsmauer in der Gesamtlänge von 1668 Metern versehen. Auf der Steinmauer befand sich eine mit 380 Volt geladene Stacheldrahteinzäunung. Nur im nördlichen Teil des Lagers I, an der Rückfront der Baracken 5, 10 und 15 stand keine Mauer, sondern ein elektrisch geladener Stacheldrahtzaun. Das Krankenlager hatte eine doppelte Stacheldrahtumzäunung, das Zeltlager einen einfachen Stacheldrahtzaun ohne Starkstromladung. Die Umfassungsmauer und die Stacheldrahtumzäunung des Hauptlagers (sowie in allen Nebenlagern) waren mit abgeschirmten Tiefstrahlern und roten Notlampen bestückt ... Außerdem gab es in jedem Wachturm des Hauptlagers eine Scheinwerferanlage mit einer sehr starken Lichtquelle, die bei besonderen Anlässen eingeschaltet wurde."[75]

Der Aufwand aller zivilisatorischen Technik wird dafür eingesetzt, die absolute Verriegelung zustande zu bringen, die totale Einsperrung, die nur Eingänge, aber keinen Ausgang hat, die alle verfügbare Zeit umfasst, also keinen Ausblick auf eine offene Zukunft erlaubt. Die Konstruktion des endgültigen schrecklichen Raumes, der seine Inhalte frisst. Das lässt sich nicht simpel nacherzählen, dafür ist die Stimme derer, die es am eigenen Leib erfahren haben, unentbehrlich. Wie Erna Musik, die als junges Mädchen das KZ überstanden hat und Jahre später nach Auschwitz fährt, um den Ort noch einmal zu erleben. „Damals hätten Sie mich sehen sollen! Wie eine Wahnsinnige bin ich rein- und rausgerannt bei dem Tor mit der Tafel ‚Arbeit macht frei'. Mindestens fünfzigmal. Das Gefühl, ich kann da rein, ich kann da raus, ich kann wieder fort!"[76] Es ist keine leichtfertige Vermutung, dass sich die letzten Dinge des Menschen in den einfachsten Formen abspielen, und dass eine dieser Formen der Raum ist, hüben wie drüben. Rupertus hat zum Touristen von der Heimatlichkeit des Raumes gesprochen, von dessen furchtbarer Verwandlung hat er nichts gesagt, obwohl seine Zeit voll war von den Geschichten der Ausweglosigkeit.

Bibliothek
Der Salzburger Dogmatiker Matthias Premm[77] referiert die überlieferte Theologie der Hölle: „Es gibt für die schweren Sünden im Jenseits einen Strafzustand, der ewig, das heißt ohne Ende dauert und zwar für alle schweren Sünder. Nie gibt es aus der Hölle eine Befreiung. Die ewige Dauer gehört zum Wesen der Hölle…" In den Lehrbüchern wie in den erbaulichen Traktaten setzt die Tradition alle Sorgfalt ein, wenn es um die Beschreibung dieses Aufenthaltes geht.[78] Die Hölle als der definitive, in die ewige Dauer gebaute Behälter des Bösen ist eine Einrichtung, die dem menschlichen Empfinden sehr weit entgegenkommt.

Sie liefert zwei Leistungen: einmal die strafende Behandlung der bösen Subjekte, die ihre Bosheit an Leib und Seele erleiden müssen, denen alles begangene Unrecht penibel heimgezahlt wird, und dann die absolute, sichere Verschließung der Menschheitsgifte, die göttlich garantierte Endlagerung des Bösen. Die Konstruktion ist perfekt, immer wieder erschrocken bewundert wegen ihrer exakt gepassten Form. Gerechtigkeit des Strafvollzuges – es sind nur Menschen dort, die sie verdient haben – schließt nicht aus, dass die härteste Grausamkeit geübt wird, ist es doch Gott selbst, an dem gesündigt wurde und der die Vergeltung durchführt. Er ist zum großen Wehtuenden geworden, dem niemand entkommen kann.

Obwohl es angebracht ist, bei Vergleichen religiöser Motive langsam zu sein und keine flotten Gleichsetzungen zu begehen, liegt es doch nahe, die beiden Figuren, KZ und Hölle, nach der strukturellen Ähnlichkeit zu befragen. Die Hölle – das KZ im Universum der Dinge? Das KZ – die Hölle im Feld der politischen Ideologie? Was wird an sachlicher Analogie sichtbar? Es zeigen sich folgende Aspekte:

Der Umgang mit dem Bösen ist immer auf die bösen Subjekte gerichtet, auf alle Individuen, die als solche definiert und erkannt werden.

Die Absicht besteht immer in der totalen Wegsperrung der Sträflinge.

Das Ziel ist nicht die Besserung, sondern die Vernichtung der Subjekte, mag diese physisch (im KZ) oder geistlich (in der Hölle als „zweiter" Tod) verstanden sein.

Die effiziente Arbeit am Bösen soll eine reine, sichere Welt herstellen und in ihrem Bestand garantieren. Die Aktion ist gesteuert vom verborgenen höheren Willen, gegen den es keine Berufung gibt. Für die christliche Lehre von der todüberschreitenden Zukunft war mit diesem Modell eine, aber nicht die allein mögliche Antwort gegeben auf die Frage *wohin, was tun mit dem Bösen?* Schon im 3. Jahrhundert n. Chr. wurde von griechischen Theologen ein anderer Weg vorgeschlagen: Nicht die Verdammung, sondern die Erziehung sollte der Weisheit Gottes letzter Schritt sein. Der kunstvollen Macht Gottes ist zuzutrauen, dass sie alle Kreaturen, wie tief sie auch in der Sünde verkommen sein mögen, für das Gute gewinnt. Religiöses Strafen kann nur der Besserung dienen, nie in der bloßen Verwerfung enden. Daher wird es schließlich und endlich keinen Zustand der Ausschließung geben. – Diese Theologie der universalen Hoffnung hat sich nicht so weit und breit durchgesetzt wie die Theologie der künftigen Verteilung der Menschheit auf Himmel und Hölle, die von Augustinus bis Premm das Feld beherrschte. Trotzdem verschwand die andere Version der Letzten Dinge nicht ganz aus der religiösen Szene. Sie hielt sich, aber nicht als offizielle Lehre sondern als frei schwebendes Hoffnungslicht im Untergrund der Marienfrömmigkeit. In zögernden, aber gegen alle doktrinären Einsprüche resistenten Gesten wurden andere Möglichkeiten plausibel gemacht und gegen die rigide Höllenpredigt gestellt.

Maria Plain

Für diese Tradition spricht lange vor dem augustinischen Premm auch eine Salzburger Stimme. In den Gedichten, die unter dem Titel *der Mönch von Salzburg* überliefert sind, wird mit besonderer Inständigkeit Maria angerufen.[79] Der Dichter sagt keine der üblichen und beiläufigen Gratulationen vor sich her, er versucht mit seinen Mitteln das Zentrum der Glaubensstimmung zu berühren. Maria wird zum Medium einer poetischen Rekonstruktion des Gottesbildes.

Das geschieht in der konkreten Lage des geschockten Individuums, das den Gang in das Dunkel des Todes und die Härte des göttlichen Gerichtes vor Augen hat. Die Gestalt Marias erscheint im Horizont der Letzten Dinge. Die Sprache ist sehr deutlich vom männlich-weiblichen Rollenspiel geprägt, ohne dass dazu theoretische Überlegungen angestellt werden. Die dominierende Männlichkeit des herrschenden Gottesbildes wird einem weiblichen Gegengewicht ausgesetzt. Das geschieht in sehr griffigen Wendungen. Maria, das Weibliche in Person, geht hoch hinauf in das Schema des göttlichen Seins, geheimnisreich verwoben in das Netzwerk der transzendenten Mächte: „Du Zentrum in dem Kreis, der uns und Gott umschließt! Wohl dem, der da hinzutritt."[80] Mit dieser Einfügung des Weiblichen in den himmlischen Gottbereich verändert sich die gesamte Atmosphäre. In Maria scheint Gott den vollkommensten Ausdruck seiner selbst gefunden zu haben, wie er sich am liebsten sieht. Die Weiblichkeit der Madonna wirkt auf vielfältige Weise, wie andere

Mariengestalten auch. Ihre Schönheit strahlt im Raum der Schöpfung, denn „Gottvater hat seine Meisterschaft an dir, Maria, vortrefflich sichtbar werden lassen; er gab dir Ehre, Schönheit, Wissen und Kraft, er malte dich mit seinem Herzblut mit klarem, gleichmäßigem Pinselstrich; sein göttliches Auge hat deine Schönheit aufgespürt."[81] Der Zauber ihrer Reinheit fällt auf die Welt: „In der Alchemie hat dein Name den höchsten Feingehalt, dein Erz wurde nie mit Blei vermischt."[82] Ihre erotische Anmut ergreift die göttlichen Personen: „Hat jemals zuvor der Pfeil der Liebe drei Personen, eine jede ganz und für sich, auf so subtile Weise zu Liebesdingen verlockt, so dass im gnadenvollen Augenblick wie Feuer und Stahl der Gottmensch als Bräutigam mit der schönsten Braut vereinigt wurde?"[83] Die Demonstration ihrer Güte steckt an, sie wird von den Engeln bewundert, weil sie Gnade und Macht besitzt, weil sie die Macht zugunsten der Gnade einsetzt. Mit diesen Mitteln und aus der zentralen Position, in der sie sich befindet, bewirkt die heilige Jungfrau das Entscheidende: die Umverladung der menschheitlichen Schuld und damit die Löschung des Gotteszorns. Maria wird zugetraut, die Schuld der Geschöpfe auf sich zu nehmen und so das Gerichtsurteil von den Angeklagten weg auf sich ziehen. „Da unser Trost stets dir anheimgestellt war, Maria, so nimm denn du unsere Schuld auf dich, damit uns das Urteil beselige auf der Seite der Auserwählten."[84] Dem Übermaß der Güte ist keine Grenze gesetzt, etwa in der Masse des Bösen, dass daran die Barmherzigkeit kapitulieren müsste. Die Lösung heißt Umverladung des Bösen, damit das Urteil des göttlichen Richters nicht treffen kann. Dafür wird die unschuldigste Stelle ausgesucht, nicht Gott der Schöpfer, nicht der Teufel, der seine Komplizen holen könnte, nicht die verantwortlichen Subjekte, sondern sie, die reine, ganz freie, die schöne Jungfrau soll es tragen. Der Dichter sagt nicht mehr, was Maria mit dieser Sündenlast tun wird, er ist vollkommen zufrieden damit, dass in ihr die freundliche Macht erscheint und imstande ist, den Verlauf des Gerichts in der günstigsten Weise zu bestimmen.

Noch immer Maria Plain
Das Motiv der barmherzigen Mütterlichkeit überbietet alles andere, alles mögliche Räsonieren. Maria kann die entscheidende Rolle übernehmen, kann vollbringen, was in ihr angelegt ist: die Wende des göttlichen Zorns, sie vermag die Selbstverriegelung Gottes zu lösen, sie ist imstande, die Hölle aufzubrechen. Das wird in erstaunlichen Zurufen verkündet, die alle in den Kern der Göttlichkeit gerichtet sind. Das Weibliche taucht in der Mitte der heiligen Wirklichkeit auf. Von dieser Stelle aus kann es seine verwandelnde Arbeit tun. „Brich Gottes Zorn, Frau, und sprich (zu Christus): ‚Sieh, ich habe dich liebevoll gesäugt mein Kind, du musst mir nachgeben. Um all deiner Güte willen, übe nicht so bald Rache. Wenn etwa deine Barmherzigkeit sie (die Sünder) im Stich ließe, so wäre der Teufel froh. Mein Kind tu das nicht! Du sollst, die du nach dir geschaffen hast, zuvor mir anheim-

geben.'"⁸⁵ Die Hölle ist veränderbar, sagt der vom Vertrauen in die Madonna erfüllte Dichter. „Und hätte einer alle Sünden getan und wollten ihn die Abgründe schon verschlingen, dein Trost könnte dennoch barmherzige Auswege aus den höllischen Fesseln erdenken. Deine flehentliche Bitte würde nicht nachlassen, bis Gottes Zorn ganz und gar verschwände..."⁸⁶ Der Mönch schafft die Hölle nicht einfach ab, aber in seinen Bildern und Beschwörungen rückt er sie aus der Mitte, befreit er die Augen von der Fixierung auf den furchtbaren, schlingenden Abgrund. Das Bild der geschlossenen Verdammungswelt verliert die Gewalt über die Phantasie der letzten Dinge und macht dem wehenden Mantel der Mutter Platz, unter dem sich ihre Kinder geborgen wissen, sorglos in fröhlichem Lachen.⁸⁷

Was ist mit diesem Schwenk der Gottessprache gewonnen? Wird es mehr sein als eine flüchtige, wenn auch andächtige Variation des sprachlichen Materials? Der Gewinn könnte in der Erfahrung bestehen, dass die Lebens-Zeichen, die durch die Frau in die Welt gesetzt werden, in bestimmter Perspektive deutlicher sprechen als alles, was sonst bedeutungsvoll ist. Sie vermag die Geburtlichkeit des Menschen elementarer darzustellen, das Dunkel der Herkunft aus dem Bauch trägt sie in der Schwangerschaft allen sichtbar herum. Die Frau verbindet den Anfang des Menschen in der Welt mit dem Faktum, dass jeder getragen wird. Ihrem Leib ist das Weben der Lebensfigur anvertraut, in der engsten Symbiose, die jemals stattfinden kann. Das weibliche

Alphabet bietet im Vergleich mit dem männlichen vielleicht mehr Bewegungsvarianten. Die prinzipielle Selbstfixierung im männlich stilisierten Gotteskonzept wird abgelöst durch einen lockeren Umgang mit den Möglichkeiten. Erst die weibliche Art, sich mit diesen fruchtbar, produktiv zu befassen, scheint der göttlichen Allmächtigkeit nahezukommen. In den Marienliedern des Mönches geschieht eine umfassende Metamorphose der Frömmigkeit. Die bestehende, durch lange Tradition geprägte Gottesstimmung treibt ein Bedürfnis nach anderer Verlässlichkeit hervor, die sich über die bekannten Garanten der Gnade erhebt. Die positive Qualität des aktuell verehrten Gottes wird überboten durch neue Güte. Für den Poeten ist damit der *bessere Gott* gefunden, dem sich der geängstigte Mensch mit größerer Zuversicht ergeben kann. Die Eigenschaften dieses gewachsenen Gottes sind in den Liedern markant bezeichnet. Eine neue Gnaden-Macht, Maria, wird in Stellung gebracht, nicht außerhalb, sondern innen, im Gefüge der monotheistischen Verfassung der Gottheit. Diese besteht in einem lockeren Gefüge der Gestalten, die das heilige Gnadenpotential verwalten. Eingottglauben will das allemal sein, aber als Gefüge eines vielfältig beweglichen Ganzen. Die eine Gottheit erscheint vielgesichtig, die weibliche, männliche, dinghafte Welt spiegelnd, elastisch organisiert wie ein Mobile, im dramatischen Spiel der Rollen bewegt. Ein Aufbruch geschieht, nicht irgendwo im Beiläufigen, in einer religiösen Nebensache, die mit einem nachsichtigen Lächeln zu erledigen wäre. Die

Operation zielt auf das Gotteskonzept und verändert es. Der Kreis der personal wirkenden transzendenten Gestalten, die Zahl der heiligen Instanzen wird erweitert. Was im direkten Gegenüber der Seele zu Gott erledigt werden kann, wird einer Mehrzahl von Interventionen anvertraut, immer mehr begehbare Stationen werden errichtet, die Kette des Heilsgesprächs wird länger, sie reicht vom Mönch, der die hilfesuchende Menschheit vertritt, zu den Heiligen, zu Maria vor allem, zu Christus und schließlich doch zu Gott, dem Vater und Grund des Ganzen, vor dem die Angst ausgebrochen ist. In den Salzburger Liedern ist es Maria, die mit unfehlbarer Wirkung auftritt, weil sie für die fühlenden Organe der Gläubigen die stärksten Impulse der Sympathie versendet, weil vor allem mit ihr die fremde Welt des Jenseits *warm* wird. Die Funktion der Transzendenzerwärmung ist das Stärkste, das Maria zugesprochen wird, und in dieser Qualität, die von ihr ausgeht, liegt auch die Erklärung für die wunderbare Erhöhung des Mädchens aus Nazareth. An ihr tröstet sich die Menschenwelt über die Kälte der kosmischen Proportionen und noch viel inständiger über die fremde Erhabenheit der göttlichen Urteile. Maria ist der unlöschbare Name für die Gewissheit, dass in der Tiefe des Ganzen eine zustimmende Aufmerksamkeit anwest, dass im Herzen Gottes die bejahenden Motive überwiegen, dass die Allmacht eindeutig mehr ein Ja-Gott als ein Nein-Gott ist.

Abermals Maria Plain
Was tun mit dieser Metamorphose der Gottheit, in der so viel aufgehoben ist, in einer reichen, noch längst nicht ausreichend gewürdigten Geschichte des Erlebens wie des Erleidens? Theologen, die kein Zögern kennen, fahren das heran, was sie die biblische Glaubensnorm nennen, und vermessen das Geschehen. *Gott ist allein und direkt ohne irgendeine Dazwischenkunft anzugehen.* Alles irgendwie katholische Heidentum, das sich nicht an diese schneidende Unmittelbarkeit hält, muss eliminiert werden. Mit dieser strengen Aktion verschwindet ein großer Teil der gelebten Tradition auf dem Abfall des Unbrauchbaren und des Unwahren. So müssten auch die Lieder des salzburgischen Mönchs zum Objekt des theologischen Bedauerns werden, weil er doch Maria schützend vor dem zornmütigen Gott stehen sieht. Im Asyl der Literaturwissenschaft, das ihn freundlich aufgenommen hat, wird er solchen Tort nicht erleiden müssen, höchstens ein Anlass sein zur Verwunderung darüber, dass er dort, wo er ursprünglich hingehört, ziemlich vergessen ist. Wir erinnern uns hier an die alte Einsicht, dass es in der Welt weder etwas ganz Unwahres noch etwas ganz Unbrauchbares gibt, und wenden uns einer theoretischen Vermutung zu, die vielleicht manche Zornregung am theologischen Schreibtisch sänftigen kann. Ist es möglich, sich in den verschlungenen Wegen der Gottestradition mit einer Unterscheidung zu behelfen, und einmal die *notwendige* Umständlichkeit, ein anderes Mal die *frei gewährte* Umständlichkeit ins Auge zu fassen? Den Menschen ist unter Umständen der Umweg

zu Gott lieber als der gerade Weg, weil die Chance, den guten oder den gut zubereiteten Gott zu erreichen, größer ist. Mit der Machtbegabung Marias wird die Allmacht des biblischen Gottes wieder komplex, eine Struktur der Umständlichkeit stellt sich wieder ein, Möglichkeiten der Appellation werden sichtbar. Augustinus hat in seinen Predigten über die Psalmen den Gottesweg der Bibel beschrieben als den kürzesten Weg überhaupt: Es gibt keine andere Möglichkeit, als *von Gott zu Gott* zu gehen, vor Gott kann der Mensch nur in Gott Zuflucht finden: „So kann ich fliehen von deinem Antlitz zu deinem Antlitz, von dem Antlitz des Zürnenden zu dem Antlitz des Gestillten."[88] Aber nun, im Reich Marias, gibt es wieder Geschichten und geistliche Ratschläge und theologische Anordnungen, die diesen kurzen Weg vermeiden wollen, weil er zu steil, zu gefährlich ist, zuviel Angst erzeugt und wohl auch wenig Unterhaltung bietet. Das wird kompensiert durch die Möglichkeit, von Gott zu Maria und von dieser wieder zu Gott zu gehen. Die Aufgliederung des Weges, der nun durch viele Instanzen zu Gott führt, ist ein weiteres Moment an diesem Komplexitätsgewinn. Die Menschen gehen mit ihren Anliegen zu den Heiligen, diese zu Maria, Maria zu Christus und Christus zu Gott, und irgendwo auf diesen Stufen werden fallweise auch noch die Engel eingeschaltet.

Domplatz
Es ist nicht leicht, in den frei treibenden Motiven der Frömmigkeit eine systematische Ordnung auszuma-

chen, aber die erwähnte Unterscheidung ist in den vielfältigen Zeugnissen durchaus zu erkennen.

Auf der einen Seite herrscht der Gedanke einer *notwendigen Anordnung*, in der die Reihe der Faktoren im Ganzen und im Einzelnen unbedingt zu beachten ist. Alle zwischen Gott und Welt errichteten Stationen müssen begangen werden, wenn das höchste Ziel erreicht werden soll, der finale Kontakt mit Gott. Die Religion dieses Stils braucht daher Genauigkeit, sie ist erfüllt von der Sorge darum, dass die einzelnen Akte geschehen und wie sie geschehen. Tritt Maria in eine solche Anordnung, dann wird sie mehr als alle anderen möglichen Gestalten zur notwendigen Vermittlerin in beiden Richtungen, von den Menschen zu Gott und von Gott zu den Menschen. Der Weg zu Gott führt über sie, die Umständlichkeit ist streng vorgeschrieben. Diese Konstruktion ruht auf der unbedingten Verlässlichkeit Marias. In ihrer Gestalt kommen Gott und seine Menschengeschöpfe am leichtesten überein, mit weniger Aufwand an Ungewissheit und Angst.

Dagegen steht die Idee der *freien Umständlichkeit*. Gott ist immer und überall ohne Zwischenschaltung zugänglich, und zugleich entwirft er in seiner Allmacht die freien Umwege, den Reichtum der vielfältigen Pfade, die gegangen werden können. Man kann sich nicht verlaufen, denn das Ziel kann in der kürzesten Trasse und auf langen kurvenreichen Straßen erreicht werden. Für dieses Konzept steht gewiss schon der Name *Jesus*. Der Hebräerbrief liefert den maßgebende Satz dafür: „Seht, ich und die Kinder, die Gott mir geschenkt hat." (2, 13) In der Präsentation des Messias inmitten seiner Jüngerschaft ist das Netzwerk der Geschichten geöffnet, das in alle Dimensionen reicht, aus der irdisch-zeitlichen in die überzeitliche des Reiches Gottes. Und gewiss ist damit die verödende Mystik grundsätzlich abgewiesen. Die Personen der Trinität, die bunte Communio der Engelwesen und die individuellen Menschengeschöpfe haben im Ganzen und im Einzelnen ihre Rollen, die nicht aufgelöst oder eingeschmolzen werden können. Der Part Marias ist also nicht einzigartig, sondern gehört in diesen Zusammenhang, passt in allem dazu. Aber das eben auf ihre Weise. Sie bleibt an ihrem Ort gerade dann, wenn Jesus so auf die Seite Gottes rückt, dass seine menschliche Individualität verschwindet. Und sie wird selbst zu einer Quelle von Geschichten, welche die Jesusgeschichten nicht einfach wiederholen, sondern produktiv variieren – ergänzend, korrigierend, weiter treibend.

Hans Blumenberg hat dagegen geschrieben: „Wenn alles möglich ist, sind nur die kürzesten Wege plausibel, jede Umständlichkeit überflüssig, jede Schwierigkeit übertrieben."[89] Er unternimmt eine Vermessung nach praktischer Geometrie, aber dieses Kalkül rechnet an der Logik vorbei, die in der Rolle Marias investiert ist. Eben das Umständliche, die Übertreibung, das Überflüssige ist gewollt, nicht als Alternative zum kurzen Weg, sondern als Ausdruck der reichen Unmittelbarkeit. Maria erscheint als der freie, schöne Umweg Gottes, der sich sorglos verteilt. Ihre Gestalt tröstet den frustrierten Ästheten und den seiner Bilder beraubten Glaubensmenschen. Sie rehabilitiert das Bedürfnis, die Wüste vor Gott stark zu bevölkern, mit Engeln, Wesen, Personen, Heiligen. So legitimiert sie besonders einleuchtend den Gestaltenreichtum gegen die Einöde des affektlosen, tatenlosen, formenlosen Einen. Und befreit den Charakter des Einen und Einzigen vom Verdacht der Feindschaft gegen die Schönheit der Welt. Alles, das Gute wie das Böse, kann seine Wege machen, Umstände, Hindernisse, Schwierigkeiten zu bestehen haben und von unterscheidbaren Gesichtern repräsentiert werden. Maria wirft gegen den enteignenden Wind, der aus der Macht des Einen herweht, ihre Schönheit, die Evidenz der Freude am Ausgang, die strahlende Neidlosigkeit. Auch damit beleuchtet sie Gott, dem sie sich verdankt.

Die Tradition ist erfüllt vom Wechselspiel der beiden Formen, in dem Geradlinigkeit und Umständlichkeit der Gottesberührung miteinander verwoben werden. Die Madonna besetzt von Mal zu Mal andere Funktionen, nicht in systematischer Gedankenordnung, sondern in der schwebenden Bewegung der Andacht. Bald wirkt sie als ein notwendiges Zwischen-Wesen und bald verkörpert sie die Gnade der freien Umständlichkeit. Das Konzept des christlichen Monotheismus ist in solchen Sprachspielen gewahrt, aber in anderen gibt es immer wieder diffuse Dämmerungen, in denen die schöne Maria die überzeugendste Lichtgestalt ist. Die göttliche Sphäre, in der sie strahlt, wiegt Vielheit und Einheit ineinander, ohne deutliche Grenzen zu zeigen.

Nirgendwo wird es klarer als in den Gedanken über die Letzten Dinge, dass es vergebliche Mühe ist, daraus ein komplettes Haus der Begriffe zu bauen. Aber es laufen Fäden durch die Traditionen, die einen Zusammenhang andeuten. Einige haben wir jetzt in die Hand genommen und ein wenig daran gezogen und geknüpft, in diese und jene Richtung.

Am Faden *Aufbruch*. Der christliche Glaube hat offenbar mit der Räumlichkeit des Lebens zu tun, in einer vielfältigen und gegensätzlichen Weise. Wenn vom Kommen Gottes die Rede ist, rückt die bestimmte Form seiner Bewegung vor die Phantasie: Gott geht hinein und Gott kommt heraus, und in beiden Richtungen sucht er die größere Nähe zum Menschen. Er betritt den Bauch der Mutter und geht frei aus dem Grab fort. Die Spurensuche in den Gedankengängen durch die Salzachstadt stieß immer wieder auf die Ahnung und den Wunsch, dass die letzte und bleibende Gestalt des Daseins ein *freies Innesein* werden könnte. Vielleicht ist das ein Programmwort für das Evangelium der Auferstehung, die Innigkeit verbunden mit dem Drang ins Freie, die Drohung der Behälter aufgewogen von der warmen Geborgenheit, die würgende Enge verwandelt in gelöstes Gehen. Im Feld der symbolischen Logik treffen zwei Gefäße aufeinander, der Uterus und die Hölle. Der absolute Behälter wird von der Trägerin der Gebärmutter angegriffen und aufgemacht, die Wölbung des weiblichen Leibes erscheint als das Zeichen der Hoffnung, die sich auf den Weg gemacht hat. Die Hölle behält, der Bauch Marias gibt frei.

Am Faden *Gesichter*. Bei der Betrachtung einer Mückenwolke die drängende Erinnerung an das christliche Credo: Abgestiegen ist der ewige Logos in das Gewimmel der Individuen, um dort das Gesicht aufzurichten, in der getreuesten Einzelheit gesucht, gesehen und bewahrt. In dieser messianischen Stimmung wird das Sterben zur Verlockung, weil nur in dieser Bewegung die Gesichter zu erreichen sind. Auf mein Verhältnis zu meinen Toten angewendet heißt das: Sie verdienen es, dass dieser Schritt für mich mehr Freude bringt als er Schmerz und Trauer verursacht.

Am Faden *Orpheus*. Wie könnte eine Legende lauten, in der berichtet wird, dass sich Jesus und Orpheus begegnen? Sie müsste wohl davon erzählen, wie Jesus dem Sänger zeigt, dass sein Lied viel weiter getragen werden muss, als sein augenblicklicher Liebeswunsch reicht. Vielleicht könnte auch Jesus bei dieser Zusammenkunft eine Neuigkeit entdecken, die Melodie der Welt. Orpheus sagt zu ihm: Hör doch den Vögeln zu und dem Wind, wenn er in den hohen Orgeln der Fichten spielt, ist das nicht dein Werk? Aus dir ist es hineingeraten in die Welt, nun kann es gesungen werden. Der Menschensohn lernt durch Orpheus seine Welt kennen, sie kommt ihm auch musizierend entgegen, und in der neuen Welt, die er aufgehen sieht, wird die Partitur zu hören sein. Menschwerdung heißt auch, die eigene Vorgabe einholen, das ewig vorausgedachte Werk zeitlich erobern. Er kam in sein Eigentum und die Seinen brachten ihm auch etwas bei, sie konnten ihm die Sage seines Werkes erzählen. Der Messias erscheint nicht zur Inspektion in seinem Betrieb, mit einer fertigen Liste von Bestandteilen, er lässt die Welt in seiner Seele aufgehen, und dazu braucht er Zeit.

Das war der Gang in der Salzburger Gegend mit einigen Seitenblicken in die tieferen Szenen jenseits des Horizonts, der Gang also durch die Unterwelt in das Land des Lebens, der Gang durch die Galerie der Totenbilder in den Garten der Gesichter, der Gang schließlich durch die haltenden Räume in die freie Gegend des Himmels.

ANMERKUNGEN

1. K. E. Georges, Lateinisch-Deutsches Schulwörterbuch. Leipzig 1891, 330–331; eine schöne Statue des genius loci, gefunden im Hof der Alten Universität zu Salzburg, bei: F. Ortner, Das Erzbistum Salzburg in seiner Geschichte I. Frühe Zeit. Severin, Rupert und Virgil. Strasbourg 2004, 10.
2. K. Kerényi, Die Mythologie der Griechen II. Die Heroengeschichten. München 1977, 220–225; W. Storch (Hg.), Mythos Orpheus. Texte von Vergil bis Ingeborg Bachmann. Leipzig 1997.
3. Ovid, Metamorphosen XI, 44–49.
4. Metamorphosen XI, 61–66.
5. Tintenfass Nr 29 (2005), 9–51.
6. Metamorphosen X, 15–40.
7. Metamorphosen X, 37.
8. J. Burckhardt, Griechische Kulturgeschichte II. München 1977, 97–108.
9. Symposion 179b–e.
10. ThWA 19, 506.
11. Alkestis, 1123ff.
12. Jes 7-11; Dan 7, 1-28; Mich 5, 1ff; Jer 23, 5ff; Sach 9, 9ff.
13. P. Jetzler, Himmel, Hölle, Fegefeuer. Das Jenseits im Mittelalter. München 1994, 16. 314. 354. 365.
14. Mythos Orpheus. 84ff; W. Rehm, Orpheus. Der Dichter und die Toten, Düsseldorf 1950, 509ff.
15. Vergil, Georgica IV, 488ff.
16. Ovid, Metamorphosen X, 56.
17. Kerényi, Die Mythologie der Griechen II, 223; Boethius, Trost der Philosophie III, 12c.
18. Tintenfass Nr 29 (2005), 49.
19. ThWA 5, 440.
20. Ein Beispiel dieser Sprache: N. Harnoncourt. Die Macht der Musik. Zwei Reden. Salzburg 1993.

21 Neue Schubert Ausgabe/Schubert Datenbank. An die Musik – Franz von Schober IV/4a op 88/4.
22 zit. nach J. Stenzl, E. Hintermaier, G. Walterskirchen, Salzburger Musikgeschichte. Vom Mittelalter bis ins 21. Jahrhundert. Salzburg 2005, 407.
23 Salzburger Musikgeschichte, 407ff.
24 zit. nach O. Söhngen, Theologie der Musik. Kassel 1967, 313.
25 W. Nehrig (Hg.): Wilhelm Heinrich Wackenroder u. Ludwig Tieck, Phantasien über die Kunst. Stuttgart 1973 (RUB 9494/95), 64f; 67f; 82ff; 94f; 98ff; Wilhelm Heinrich Wackenroder u. Ludwig Tieck, Herzensergießungen eines kunstliebenden Klosterbruders. Stuttgart 1979 (RUB 7860), 106ff.
26 Geist der Utopie, Frankfurt/M 1973 (stw 35), 207–208.
27 Chr. R. Browning, Ganz normale Männer. Das Reserve-Polizeibataillon 101 und die „Endlösung" in Polen. Reinbeck bei Hamburg 1996, 154.
28 J. C. Fest, Das Gesicht des Dritten Reiches. Profile einer totalitären Herrschaft. München 1996?, 151.
29 Musikgeschichte Salzburgs, 477.
30 J. C. Fest, Hitler. Eine Biografie. Frankfurt/M 1973, 526.
31 H. Langbein, Menschen in Auschwitz. Wien 1987, 153.
32 H. Weber, Lenin. Reinbeck bei Hamburg 1970 (rm 168), 80.
33 A. Burgess, Uhrwerk Orange. München 1985 (Heyne TB 01/028); vgl. Hermann Hesse, Musik. Frankfurt/M 1976 (BS 483).
34 Die Macht der Musik, 31.
35 Gegen die Heiden, 42.
36 Die Autoren: Heinz Dopsch und Robert Hoffmann. Salzburg 1996.
37 Georg Simmel, Das Individuum und die Freiheit. Berlin 1986, 140–145; Vom Wesen der Moderne, Hamburg 1990,

277–293; M. Blankenburg, Art. Physiognomik, Physiognomie. In: HWPh 7, 955–963.
38 Simmel, Das Individuum und die Freiheit, 140.
39 Nikolaus Cusanus, Die Jagd nach der Weisheit, 22.
40 Ernst Jünger, Das Abenteuerliche Herz (Auswahl aus dem Werk Bd. 4). Stuttgart 1994, 105.
41 Vgl. A. Stock, Poetische Dogmatik. Christologie II. Schrift und Gesicht. Paderborn 1996.
42 Vgl. J. Werbick, „Dieses Leben – dein ewiges Leben" in: H. Kessler (Hg.), Auferstehung der Toten. Ein Hoffnungsentwurf im Blick heutiger Wissenschaften. Darmstadt 2004, 211–233.
43 E. Bloch, Das Prinzip Hoffnung III, Frankfurt/M 1968, 1378–1384.
44 L. Feuerbach, ThWA I. Frankfurt/M 1975, 101.
45 KSA 13, 409–410.
46 Nietzsche WW 2 (Schlechta), 1111.
47 Cicero, De natura deorum II, 167; Seneca, Naturales Quaestiones II, 46: singulis non adest Iuppiter.
48 A. Einstein, Mein Weltbild. Berlin 1950, 10.
49 B. Lang/C. McDannell, Der Himmel. Eine Kulturgeschichte des ewigen Lebens. Frankfurt/M 1990, 461–466.
50 R. Safransky, Friedrich Schiller oder Die Erfindung des deutschen Idealismus. München 2004, 88–89.
51 J. Tauler, Predigt Nr 60e, hg. von Fr. Vetter (1910), 305.
52 Lateinische Werke III, Joh Nr 290.
53 Predigt 4; J. Quint (Hg.), Meister Eckehart. Deutsche Predigten und Traktate. München 1977, 171
54 Deutsche Werke V, 430.
55 Predigt 2, Quint, 164.
56 Predigt 50, Quint, 389.
57 Novalis, Werke und Briefe. München 1968, 133.
58 H. Jonas, Philosophische Untersuchungen und metaphysische Vermutungen. Frankfurt/M 1994 (st 2279), 81–100.

59 Th. Mann, Bekenntnisse des Hochstaplers Felix Krull. Frankfurt/M 1965 (FTB 639), 216 (Professor Kuckuck).
60 Faust I, 1339–1340, Studierzimmer 1.
61 WW 2 (Schlechta), 224.
62 Tagebücher I, Düsseldorf 1962, 229; vgl. Abschließende unwissenschaftliche Nachschrift (Abt 16) I. Köln 1988, 14.
63 Anton Wildgans, Späte Ernte. Wien, 56.
64 Gotteslob Nr 249.
65 Gotteslob Nr 827.
66 H. Rombach, Leben des Geistes. Ein Buch der Bilder zur Fundamentalgeschichte der Menschheit. Freiburg/Br 1977, 125.
67 ThWA XI, 184.
68 zit. nach G. Bachl, Eucharistie I (Texte zur Theologie, Dogmatik 10). Graz 1999, Nr 106.
69 SthSuppl q 80–85.
70 q 84 1–3.
71 q 84 a 1 sed contra 2.
72 q 84 a 2c.
73 Lang/McDannell, Der Himmel, 155–199.
74 vgl. H. und G. Böhme, Das Andere der Vernunft. Frankfurt/M 1985 (stw 542), 442ff.
75 H. Marsálek, Die Geschichte des Konzentrationslagers Mauthausen. Wien 1980, 73.
76 K. Berger u.a. (Hg.), Ich geb Dir einen Mantel, dass Du ihn noch in Freiheit tragen kannst. Widerstehen im KZ. Österreichische Frauen erzählen. Wien 1987, 174.
77 M. Premm, Katholische Glaubenskunde IV. Wien 1953, 623–658; zur Hölle 624.
78 H. Vorgrimler, Geschichte der Hölle. München 1993; G. Minois, Die Hölle. Zur Geschichte einer Fiktion. München 1994; Angelus Silesius, GW 3. Wiesbaden 2002, 247–267.
79 W. Killy (Hg.), Epochen der deutschen Lyrik II. München 1972, 149–168 (spätes 14. Jh.).

80 Epochen der deutschen Lyrik II, 150.
81 Epochen II, 150-151; vgl. 152.
82 Epochen II, 151.
83 Epochen II, 151.
84 Epochen II, 156.
85 Epochen II, 155.
86 Epochen II, 154.
87 Epochen II, 155.
88 Augustinus, Enarrationes super psalmos 138, 12.
89 Blumenberg, Matthäuspassion. Frankfurt/M 1988, 11.